# RETÍRATE A LOS CUARENTA O CUANDO TE DÉ LA GANA

Mateo Diego Prada

Un enfoque lógico para no tener que trabajar por dinero

Este libro no podrá ser reproducido,
ni total ni parcialmente, sin el previo
permiso escrito del autor.
Todos los derechos reservados.

© Mateo Diego Prada, 2024

Para Nico y Yago,
que ya van metiéndose en esto.

Para Gus.

Vosotros sois la razón.

# CONTENIDO

I LA TIERRA PROMETIDA ............................................................. 7

II LA PÍLDORA ROJA ................................................................. 27

III EL SÍNDROME DE MÜLLER – WEISS .................................. 43

IV AHORRA O NUNCA ............................................................... 61

V MORE IS LESS ........................................................................ 81

VI ORA ET LABORA ................................................................ 119

VII LAZARILLO DE TORMES .................................................. 137

VIII I GOT THE MOVES LIKE BUFFET ................................. 153

IX EL VIAJE DEL HÉROE ....................................................... 183

# I
# LA TIERRA PROMETIDA

> "El dinero no da la felicidad,
> pero procura una sensación tan parecida,
> que se necesita un auténtico especialista
> para verificar la diferencia"
> Woody Allen

> "El dinero no da la felicidad,
> pero puedes comprar gambas
> y nunca he visto a nadie llorar comiendo gambas"
> Congelados José López, Salamanca

NOS DIJERON ALGO PARECIDO A ESTO:

Bienvenido a la tierra de las oportunidades. Ah, amig@, jamás hemos tenido la felicidad tan al alcance de la mano. Atrás quedaron los tiempos de las miserias y las estrecheces; hijo, hija, es hora de mirar hacia adelante. Quien trabaja duro, medra. A quien se esfuerza, se le recompensa. Ven, que el paraíso te aguarda. ¿Qué deseas? ¿Un ático en Gran Vía, o en Grácia, o —vuela, hij@, por qué no—, en la Quinta Avenida o una mansión en los Hamptons? ¿Un palco del Bernabéu o, si eres un alma sensible, en el Real? ¿Volar en primera?, ¿Dormir en el Burj Al Arab? ¿Un SLK, un Cayenne o —nada de "o": y— un Ferrari? ¿Malcriar a tu chic@ con Dom Perignon y masajes en un reservado de Ushuaïa? ¿Mil chic@s en lugar de un@? ¿Tod@s y cada un@ de l@s chic@s de un paraíso terrenal, jóvenes y radiantes, sedient@s del magnetismo de tu poder y de las posibilidades de tu dinero, tod@s al pairo de tu voluntad?

Pues este es el camino: Estudia con ahínco, trabaja con tesón, asciende con respeto, planifica con tino, ejecuta con sacrificio y produce con pasión. Así lo tendrás todo, escucha, hij@: todo quedará a tu alcance. Sabemos que exigimos mucho, quizás todo, pero firma sin miedo y juega, que las cartas ya no se reparten marcadas, y con tus manos y dos huevos/ovarios/nada bien puestos ganarás. Hemos traído la democracia para ti; he aquí la meritocracia; crearás dinero a raudales, para que te lo gastes, *porque te lo has ganado*. Curra, déjate el alma y se te recompensará: poder, fama, realización, respeto, notoriedad, compañía, dinero, dinero, dinero, dinero, dinero, dinero, dinero. Y déjate de cielos, hij@, la plata es el nirvana.

PERO OBTUVIMOS ALGO PARECIDO A ESTO:

Me citó a las cinco en su despacho. A las cinco y cuarto, aún me tenía esperando frente a él en un silencio incómodo, mientras cacharreaba en el ordenador y hablaba por teléfono.

—Pues cómpralo —contestó a su mujer, con un asco evidente, y colgó—. Tío, necesito 9.000 euros para levantar la persiana a principios de mes —reflexionó en voz alta, mientras marcaba de nuevo—, es que la pasta se le escurre entre las manos, tío, un día de estos, no sé... —alguien respondió al otro lado del teléfono—, sí, tila, qué remedio, ¿tú quieres algo? —no, yo no quería nada—, eso es todo, gracias —colgó y volvió a su pantalla—, cualquier día le digo que ella paga los cargos de su tarjeta, que para eso hace que trabaja. ¿Tienes novia? —negué, incómodo—, haces bien, son una puta ruina, tío, una necedad...

Calló. Giraba indeciso la rueda del ratón con un dedo índice fino y lánguido, como infantil. Al final, paró.

—Estás fuerte —dijo, mirándome por primera vez en la conversación—, ¿haces deporte?

—Voy al gimnasio —respondí, impaciente.

—Pues aquí eso se acabó —sentenció, y volvió a la pantalla—. Yo jugaba al pádel —continuó, rascándose la barriga por la abertura entre los botones de la camisa. Tenía cuarenta años, pero aparentaba diez más: pelo débil, canoso, obeso, una pesadez silbante al respirar—, pero esto te machaca y cuando llegas a casa no quieres más que descansar en el sofá y que el niño no dé por culo, que mira que sabe darle al *ñi ñi ñi* cuando estás cansado, tío, cómo saben joder en el peor momento, ¿sabes?

Qué iba a saber: a mis veintitantos me faltaba mucho para ser padre, pero le di la razón, agobiado porque se nos echaban los plazos encima.

—Bueno, al lío —arrancó, por suerte—. Pásame el *power point*.

Aliviado, le tendí el documento con las conclusiones del proyecto. Hojeó el comienzo, pero pronto torció el gesto. Me agobié: Era la cuarta vez que rehacía por completo el documento. Ninguna versión lo satisfacía. Revisó por encima unas cuantas hojas más, cabeceando. Antes de llegar a la mitad, lo cerró y *lo tiró a la papelera*.

—Vamos a empezar de nuevo —sentenció, tomando un boli y un montón de folios en blanco. Lentamente, escribió el título del proyecto y anunció, satisfecho—. Ya tenemos una *slide*.

En ese momento, entró la camarera. El jefe la dejó hacer. Ella colocó con cuidado la bandeja en la mesa.

—¿Qué me toca? —preguntó él, señalando con la mirada dos pastillas al lado de la tila.

—Para la tensión, señor —respondió ella, servil, y salió del despacho sin esperar respuesta.

El jefe soltó el boli para tomar las pastillas entre sus deditos. Las miró con fastidio y las metió en la boca. Sorbió la tila con un mohín de asco y después volvió al ordenador, para responder correos entrantes durante unos minutos eternos.

—Bueno, tío, continúa tú con el documento —sentenció, finalmente—. Y no la cagues, que te juegas la promoción.

—Pero, ¿qué hay que...? —quise preguntar, pero me interrumpió.

—No sé, tío, el enfoque no se entiende, es... no se entiende, ¿no? Oye, dale una vuelta.

Sin dejar de mirar a la pantalla, me tendió la hoja de la portada y, después, continuó tecleando. Tras unos segundos de espera supe que lo había perdido, así que tomé la hoja y salí del despacho en silencio, como antes había salido la camarera.

Ya de vuelta en mi puesto, rehaciendo por quinta vez el documento, me preguntaba, con mis dos licenciaturas y mi curro de consultor estratégico en una gran multinacional americana, qué era todo aquello, por qué, aun currando hasta las mil, mi jefe no llegaba a fin de mes, a santo de qué yo andaba tan estresado, y dónde coño estaba lo que me habían prometido.

LO QUE ESTÁ PASANDO:

El mecanismo es tan simple como pernicioso: Primero se nos hace creer que el dinero es lo más importante —mientras se nos afirma justo lo contrario— y que el trabajo es la fuente más conveniente y segura para ganarlo; y después se nos anima/obliga a gastar lo ganado, porque *lo ganamos para disfrutarlo.*

Seas hombre, mujer, género fluido o no binario, desde tu más tierna infancia te habrán machacado que el dinero no da la felicidad y que no es lo importante, pero por alguna incoherencia ciegamente aceptada cuando estamos despiertos dedicamos el 40%[1] de nuestro tiempo semanal a *trabajar para ganarlo*, y gran parte de nuestro descanso consiste en *disfrutarlo gastando*, así que algo tendrá el vil metal. Declaramos que nuestras fuentes de felicidad[2] son la salud, nuestra pareja e hijos y que nuestra vida tenga un sentido y, aun así, trabajamos de sol a sol. ¿Cuánto tiempo nos queda, entonces, para eso que, *de verdad,* decimos, nos hace felices? Siendo honestos, muy poco.

Pues bien, si dedicamos el grueso de nuestro tiempo a trabajar por dinero es porque, aunque reconocerlo escueza, **el dinero nos es importante**. Más allá de lo que declaramos en las encuestas —salud, familia, trascendencia—, la pasta es quizás lo más importante, porque encierra una promesa ladina de felicidad que, a golpe de GRPs[3] antes, y ahora *reels* y *shorts*, nos han inculcado. Es lo que Vicki Robin llama "la trampa del dinero": más allá del confort el dinero no nos da la felicidad y, sin embargo, **algo nos han hecho** para que aceptemos complacientes y hasta codiciosos esta versión actualizada de la esclavitud[4].

Y la presión para que gastemos es formidable porque, **si no consumimos, la economía de mercado se va a la mierda**. Así

---

[1] Si de las 168 horas semanales dedicamos 56 a dormir, 40 a trabajar y una media de 6 a desplazarnos al trabajo (según Michaelpage), necesitamos 46 horas de las 112 semanales que estamos despiertos para trabajar.

[2] "Global happiness 2022", Ipsos.

[3] El GRP es la unidad de medida del impacto de una campaña promocional en el público objetivo de esa campaña. Para entendernos, cuanto más GRP, más nos habrán dado la matraca en la tele para que compremos un producto o un servicio determinado.

[4] Trabajo viene del latín *tripalium*, que significaba literalmente "tres palos" y designaba un instrumento de tortura formado por tres estacas a las que se amarraba al reo o esclavo.

de crudo. El producto interior bruto (PIB) es la suma de lo que consumimos, lo que invierten nuestras empresas, el gasto del Estado y lo que exportamos menos lo que importamos. Pues bien, cuando el PIB decrece dos trimestres seguidos, se dice que un país ha entrado en recesión. Es decir, "estamos en crisis" cuando el PIB baja. ¿Y cuándo baja? Pues cuando, básicamente, consumimos menos que el año anterior; entonces, las empresas ganan menos y, por tanto, tienen menos dinero para invertir; y el Estado recauda menos y por tanto tiene menos dinero para gastar[5]. Así que, si consumimos menos que el año anterior, entramos en un círculo vicioso entre los elementos del PIB que lleva al desastre. Por eso es importante que consumamos —y que lo hagamos *más que el año anterior*—, porque si no lo hacemos, jodemos las virtuosas dinámicas de la economía de mercado.

Eso desde un punto de vista macroeconómico, es decir: en general. Pero, además, ¿qué les sucede a las empresas que no venden? Pues que también se van al carajo: no pagan a empleados y proveedores, entran en pérdidas y acaban por cerrar. La venta —o, en su reverso, que nosotros compremos— en el mundo empresarial es el origen y la razón de todo. Y, además, también deben vender más que el año anterior, porque una empresa que no crece puede tener problemas en el futuro. Así, pues, desde hace más o menos un siglo, las empresas han contratado a legiones de señores que pilotan de marketing y ventas para asegurarse de que: 1) seguimos comprando; 2) compramos a ellos y no a la competencia. Independientemente de que lo necesitemos, o lo queramos: Ya se encargan ellos de convencernos de lo contrario. "Mucha gente no sabe lo que

---

[5] O tiene que endeudarse. Es decir, el déficit del Estado (la diferencia entre sus ingresos y sus gastos) crece y, por tanto, cada año la deuda del Estado aumenta.

quiere hasta que se lo enseñas", decía Steve Jobs[6], en un ejercicio de cinismo *cool* y sofisticado.

El consumo resulta, pues, necesario para el crecimiento. El crecimiento se antoja, pues, imprescindible para que el sistema funcione. Nosotros somos, por tanto, millones de pequeños engranajes que debemos girar (=consumir) para que todo marche. Si no, cierran empresas, sus trabajadores van al paro, el estado se endeuda más, ... En fin, el caos.

Por eso, apenas ya ahorramos y, lo que es más preocupante: nos endeudamos con hipotecas, préstamos personales, tarjetas *revolving*, letras, minicréditos, pagos a plazos y demás delicatessen de tortura monetaria. Gastamos lo que ganamos ahora y lo que ganaremos en el futuro y la pregunta es: ¿hasta cuándo? No hay respuesta, sino la obligación de seguir adelante: con mayores deudas, debemos trabajar más, necesitamos ascensos, nuestro estrés aumenta y, aunque amemos nuestra profesión, dejamos de verle la gracia al trabajo[7]. Quedamos, pues, atrapados en el Sistema o en lo que Kiyosaki denomina "la carrera de la rata"[8], con la obligación de trabajar para saldar deudas y con la presión—que—no—cesa para consumir más. ¿Pero más?, ¿Todavía más?, Y, ¿con qué? Da igual, no pienses, y sigue adelante.

Así nace el *homo shopper* en la segunda mitad del siglo XX, como una involución del homo sapiens, que sabe menos que antes, compra a todas horas y se deja dominar por la sensación

---

[6] Fundador, con otros, de Apple y Pixar.

[7] Más adelante explicaré mi punto de vista sobre la distinción entre profesión y trabajo.

[8] Kiyosaki dice en su "Padre rico, Padre pobre": "Una vez que las personas quedan atrapadas en el proceso de pagar cuentas a lo largo de sus vidas, se convierten en algo parecido a pequeños ratones que corren en el interior de esas pequeñas ruedas de metal."

aparentemente placentera de la despreocupación. El *homo shopper* vive, en el fondo, una regresión a la infancia alentada por los que nos venden para que compremos sin cesar. Todos somos *homo shoppers*: almacenamos inventos de Aliexpress que utilizamos dos veces o una o nunca; paquetes de Amazon sin abrir; *fast fashion* que ni siquiera estrenamos; kilos de fruta, verdura y otra comida sana—pero—meh que se nos pudre; decenas de móviles, cargadores, impresoras, auriculares, cables o baterías en nuestros cajones—cementerio de la obsolescencia programada o, más trágico aún, de la obsolescencia meramente percibida[9]; coleccionamos groupones caducados; compramos libros que nunca leeremos, pagamos matrículas para cursos que no completaremos y gimnasios que no pisaremos; compramos anillos que confirman si has dormido bien o no, o milagros del *fitness* de la teletienda, o apps de dietas *keto*, clubes de vino o parajes naturales que hemos utilizado un par de veces, y después nos hemos olvidado. Así, nuestras casas son un bazar de caprichos puntuales y arrinconados. Los itinerarios de Ikea, Tiger o Primaprix nos obligan a pasar por delante todos y cada uno de sus productos antes de salir a la calle, y picamos, claro que picamos; en la cola de las cajas de Primark pasamos por calcetines, perchas, perfumes, Mentos, Haribos, bombillas, cepillos, chanclas, algodón dulce, peines, plantillas, arena mágica, toallitas refrescantes, papel de regalo, champú seco,

---

[9] Obsolescencia programada es la determinación o programación del fin de la vida útil de un producto, de modo tal que tras un período de tiempo calculado de antemano por el fabricante, éste se torne obsoleto, no funcional, inútil o inservible. Se denomina obsolescencia percibida a las modas, estas tendencias manipuladas por los fabricantes y distribuidores mediante los medios de difusión con la finalidad de que los productos que ofrecen se vuelvan obsoletos aún cuando se encuentren en perfecto estado de uso y conservación. (fuente: medium.com)

chicles o botecitos de viaje y compramos, por supuesto que compramos; si miramos ropa de nieve en una web, todos los anuncios en cualquier otra web que visitemos en las próximas semanas nos recordarán a golpe de *cookie* las oportunidades, descuentos y ofertas irrepetibles de ropa de nieve disponibles en esa primera web y terminamos comprando, claro que sí. Los medios tradicionales explotan nuestros deseos más primarios —sensualidad, aspiración, alegría—; los digitales nos conocen tanto que hacer clic es del todo natural; los algoritmos de YouTube, Instagram o Tiktok están diseñados para convertirnos en adictos[10] y que pasemos el máximo tiempo posible pegados a su publicidad[11]. Todo fluye para que compremos más y más porque no es que necesitemos lo que compramos, sino que *necesitamos comprar*. No me refiero a los trastornos psicológicos, sino a la vida normal de las personas normales, en todos esos momentos en que compramos sin darnos cuenta de que lo estamos haciendo: cuando compramos sin más.

Sé de lo que hablo: como consultor, alimenté casi 20 años las reglas del Sistema. Identifiqué para *retailers* los productos cuyo precio retiene el consumidor (para ponerlos bajos y así dar una imagen de "súper barato") y los productos que no (para subir su precio); identifiqué qué promociones animaban a comprar más y cuáles no; diseñé la publicidad que paraba al consumidor en los lineales; diseñé planes para vender en internet productos de lotería cuya probabilidad de premio era de una

---

[10] singularityhub.com/2019/10/17/youtubes-algorithm-wants-to-keep-you-watching-and-thats-a-problem/
[11] Unicef señala en su informe "Impacto de la tecnología en la adolescencia" de 2.021 que la mitad de los adolescentes españoles usan internet más de 5 horas al día durante el fin de semana y que tres de cada diez lo hacen *a diario*.

entre varios millones; posicioné en los lineales productos de lujo a cientos de euros cuyo coste de producción es muchas veces menor. Y como yo, había y hay cientos de miles de consultores, *brand managers, UX architects, trade marketers, data scientists, content designers, media planners, category managers, insight analysts, strategy directors,* desarrolladores web, *market researchers, trend setters* … cuyo cometido es que consumamos más y se las saben todas, tienen herramientas muy útiles que les permiten conocernos casi mejor que nosotros a nosotros mismos y, créeme, lo tienen muy logrado.

El *homo shopper*, además, debe tener una vida fuera del trabajo lo más cómoda posible. Total, ya que debemos trabajar como esclavos, es justo que al salir del curro movamos el culo lo menos posible, porque *nos merecemos descansar;* por supuesto, previo pago. En el último siglo hemos vivido una maravillosa etapa de desarrollo que ha proporcionado un bienestar jamás imaginado. La vida ha dejado de ser un duro y esforzado tránsito por el filo de la supervivencia, para saltar a un mundo de comodidad asequible y barata. Hemos dejado de lavar a mano en el río, de cargar con objetos pesados y de hacer equilibrios muy arriesgados sobre los pozos ciegos. Hemos refrigerado los alimentos, difundido el conocimiento, y recorrido grandes distancias sin apenas esfuerzo. Hemos automatizado, en fin, muchas tareas penosas, repetitivas y sin valor añadido. Sí, nos hemos acostumbrado a la comodidad. Y está bien porque tenemos derecho a ella y porque el avance tecnológico puede proporcionárnosla. El problema es que nos hemos pasado de frenada.

Un ejemplo: Cien gramos de ternera magra, con bajo contenido en grasa, escogida por ti y picada en el momento por tu carnicero, 1,5€. Pan brioche integral artesano, sin conservantes, del obrador que acaba de abrir en frente de tu casa, 0,5€. Lechuga, cebolla y tomate, todo fresco y seleccionado por ti en el mercado de tu barrio, 0,5€. Doscientos gramos de patatas crujientes y deliciosas, cocinadas en la freidora de aire, 0,3€. Agua del grifo, 0€. Total, 2,8€, en un **menú saludable, rico en proteínas, hidratos de carbono complejos y fibra** y con no más de 600 calorías.

Ideal, pero *¿tengo que ir* a un carnicero, un panadero y un frutero? Ya me dirás cuándo. Para comerme una hamburguesa, voy al McDonald's[12], hombre: menú BigMac mediano —hamburguesa, patatas y Coca−Cola−, a 8,7€. Tirado, no me dirás, y me evito tanto lío. La pantalla de pedidos me sugiere menú grande, ¿por qué no? 9,6€. Ah, también unos *nuggets* —por si te quedas con hambre, dice la pantalla—, por tan solo 3,25€. Antes de pagar, me recuerdan que no hay comida completa sin postre, y es verdad, qué coño, un *apple pie*, 1,10€. Y 0,5€ para la fundación Ronald McDonald 's porque soy así, me gusta ayudar. Total a pagar, 14,45€.

Uf, pero qué pereza ir al centro, con el frío/calor que hace o lo tarde/temprano que es, y lo cansad@ que ando después de todo un día de trabajo, o lo a gusto que se está en casa de peli y manta.

Glovo, Glovo[13].

El menú grande sube a 11€, algo más caro que en el restaurante, lógico y, total, entre 9,6€ y 11€ qué más da. El total

---

[12] Se puede hacer el ejercicio con Five Guys, Goikos u otras alternativas más *slow food* y en términos de coste económico los resultados serán bastante más gravosos y en términos de salud, quizás algo más favorable, pero no mucho más.

[13] O Just Eat, o Uber Eats, o cualquier otra, por supuesto.

del pedido sube a 15,35€, está claro que por dos duros no merece la pena salir a la calle.

Vaya, que si no llego a 17€ tengo un recargo de 3€. Vale, pues no sé, un gazpacho por 1,9€ y listo.

Con los 3,9€ de gastos de entrega, hace un total de 21,15€. Oh.

Un pequeño momento de duda —¿lucidez?— antes de pagar, pero, uf, es que hace mucho calor/frío ahí fuera, así que pago con cierto fastidio, pero pago, que llevo todo el día trabajando, hombre, todo el día como un esclavo, merezco un descanso *y para eso trabajo*.

2.100 calorías. Vaya bacanal.

Recapitulando: por comodidad, cuadruplicamos las calorías consumidas con, básicamente, **grasas saturadas, azúcares, potenciadores de sabor y conservantes** y septuplicamos el coste de la cena de un día cualquiera.

Pero no solo eso: tiraré a la basura lo que sobre (apuesta a que no puedo con hamburguesa, patatas grandes, bebida grande, *nuggets*, *apple pie* y gazpacho), junto con una bolsa de plástico, dos bolsas de papel, un vaso de papel, un cubre vasos de plástico, una pajita (por fin) de papel, los envoltorios de papel o plástico de la hamburguesa, las patatas, los *nuggets*, el *apple pie* y el gazpacho, dos envoltorios de kétchup, uno de salsa barbacoa, siete u ocho servilletas de papel, el tique de compra y las pegatinas que McDonald's usa para preparar los pedidos. Y si el *rider* ha venido en moto, añade al debe con el planeta algunos litros de óxido de nitrógeno más.

Así es, grosso modo, el precio de la *nueva comodidad* en dinero, en salud y en impacto ambiental. El 54% de los españoles sufren sobrepeso u obesidad[14], porque no hacen deporte, llevan una vida sedentaria y han abandonado la dieta mediterránea[15] y la OMS sugiere que se debe en parte a las aplicaciones de entrega de comida a domicilio[16]. Pero hay mucho más: Generamos la mitad de la contaminación en Madrid[17] porque es más cómodo el coche que el transporte público o andar[18]; nos traen de China *gadgets*[19] en paquetitos individuales que podemos comprar en el bazar de al lado; añadimos una caja de cartón más a cada libro que nos traen de Amazon, Fnac o La Casa del Libro en lugar de darnos un paseo a la librería más cercana; preferimos un menú del día regulero a preparar el táper; en Estados Unidos, los centros comerciales cierran porque los clientes ya no van a las tiendas, sino que las tiendas van a sus casas; devolvemos el 25% de la ropa que nos envían a domicilio, y el 10% termina directamente en la basura, porque al *retailer* le cuesta más devolver la prenda al almacén que tirarla[20]; gana la app que proporciona la compra más sencilla (cómoda): tres clics, dos clics

---

[14] Y el Instituto Hospital del Mar de Investigaciones Médicas prevé que para 2030 sea el 80% de los hombres y el 55% de las mujeres. Sí, cuatro de cinco hombres en unos años tendrán sobrepeso u obesidad.
[15] www.revespcardiol.org/es-prevalencia-obesidad-factores-riesgo-cardiovascular-articulo-S0300893220307156
[16] "The European Health Report", OMS 2021.
[17] diario.madrid.es/blog/2019/01/15/sabes-que-provoca-la-contaminacion-en-madrid/
[18] Madrid tiene uno de los mejores transportes públicos del mundo. En otras ciudades, el coche es claramente una necesidad porque no hay manera de llegar en transporte público de un lugar a otro en un tiempo razonable. Pero esto en Madrid, me temo, no es una excusa en la mayoría de las ocasiones.
[19] Gaitas, mandangas (N. del T.)
[20] www.mckinsey.com/industries/retail/our-insights/returning-to-order-improving-returns-management-for-apparel-companies

o ninguno[21]; pagamos los cómodos fideos de Yatekomo a precio de langosta, y las prácticas cápsulas de Nespresso cuestan diez veces más que el café de antaño; abrimos las ventanas en enero y nos acatarramos en julio; de los 485 kilos de basura[22] que cada español genera al año, solo llevamos el 11% a los contenedores de reciclaje y 31 de esos kilos son alimentos echados a perder; un tercio de la producción mundial de comida se desperdicia[23]; nos paramos en las escaleras mecánicas, bajamos un piso o dos en ascensor[24] y electrificamos las bicis y los patinetes. Así, el *homo shopper*, infantil y dopado de comodidad y placer momentáneo, no solo es atacado en su bolsillo, sino también en su salud y en la sostenibilidad de su hogar global. Quizás por eso, después de este obligado *work hard / play hard*, no solo no somos más felices sino todo lo contrario[25], pero el Sistema, así, con nuestro trabajo y nuestro consumo, es capaz de *perpetuarse*. ¿Y qué pasa con los individuos? Es decir, ¿qué sucede contigo o conmigo, con la vecina del caniche, mi médico de familia o el camarero del Starbucks? Pues nosotros somos prescindibles, porque el Sistema está diseñado para perpetuarse a sí mismo, por encima de las personas e, incluso, a costa de ellas. Un ejemplo: La crisis de 2008

---

[21] Es el caso del servicio de compra recurrente de Amazon. Pides el producto una vez y después te lo van mandando con una periodicidad determinada. Más cómodo, imposible.

[22] "España en cifras, 2021", INE

[23] Según la aplicación Too Good To Go.

[24] El 50% de los gastos de comunidad que pago corresponden al gasto de ascensor, que cuesta aproximadamente lo mismo que 20 días de electricidad de mi casa. Como el gasto queda "oculto" en el recibo de la comunidad de propietarios, no ponemos el grito en el cielo, pero un ascensor es un capricho muy caro, que deberíamos usar con más responsabilidad.

[25] En 2011, el 63% de los españoles se declaraba feliz; en 2020, bajó al 38%, aunque al año siguiente subió al 56%. Fuente: "Global Happiness 2022", 2022, Ipsos

multiplicó casi por cuatro el número de ejecuciones hipotecarias[26]; cada hombre o mujer que perdió su casa entonces sufrirá sus consecuencias por décadas y, sin embargo, el PIB español se recuperó en ocho años[27]. Cuando las cosas vienen mal dadas, el Sistema se recupera; los individuos, quién sabe.

## LA LONGEVIDAD Y LAS PENSIONES

La tierra prometida, pues, no lo es tanto. Henos aquí, trabajando por dinero, gastando sin parar y por encima de nuestras posibilidades y con la espada de Damocles en cada recesión. ¿Dónde está, entonces, la asegurada felicidad? ¿No se suponía que el trabajo y las posesiones me la darían? ¿Por qué entonces pringo de sol a sol y lo único que tengo es una casa repleta de trastos y la mente llena de preocupaciones y ansiedad? Cuando elevamos la queja vital al departamento de atención al cliente del Sistema, recibimos una respuesta que ya nos cuadra: chic@, es que todavía no has llegado a un ulterior estadio en que te liberarás de las preocupaciones y disfrutarás de un merecido descanso. El Sistema funciona, claro que sí. Recuerda que estás *cotizando*: en menos de lo que piensas te habrás jubilado con tu buena paga, un montón de obras que vigilar y una o dos veces al año los meneítos de María Jesús y su acordeón. Podrás disfrutar por fin de tus hij@s —de vez en cuando—, y de tus niet@s —todas las tardes entre semana—, practicarás gimnasia pasiva en los parques, sestearás con "Amar es para siempre" y alguna serie turca, y vivirás, por fin, un *dolce far niente* bajo en sal. Sí, a los sesenta y siete ya no tendrás que preocuparte, porque el Estado

---

[26] www.epdata.es/datos/desahucios-estadisticas-datos-hoy-graficos-cgpj/230/espana/106?accion=2
[27] datosmacro.expansion.com/pib/espana

te mantendrá y, por fin, todo será más sencillo y liviano. Siempre ha sido así, y no tenemos por qué pensar que las cosas tengan que cambiar.

Bueno, me temo que sí cambiarán. Hoy en día, dos trabajadores cotizan por cada jubilado. Es decir, la pensión de un jubilado, de media, viene de las contribuciones a la seguridad social[28] de dos trabajadores. Pero la sociedad está envejeciendo y se prevé que para 2050 la proporción será de uno a uno[29]. Es decir, que para que un jubilado cobre su pensión, se la pagará un solo trabajador. Vamos, que para que tú de jubilado cobres tus, pongamos, 1.500 euros, alguien tiene que estar dispuesto a quitárselos *íntegros* de su suelo. ¿Tú lo ves? Yo no. Pero dirás: a mí eso me la suda, porque yo habré cotizado la hueva de años y *tendré derecho* a mi pensión. Pues me temo que eso no es del todo cierto, porque el sistema español de pensiones es de reparto, es decir, lo que se recauda para las pensiones públicas hoy se reparte hoy entre los pensionistas y, por tanto, si mañana no hay qué repartir porque no hay suficientes cotizantes, por mucho que hayas cotizado antes, no se te repartirá nada.

¿Solución? Pues quitamos ese sistema de reparto, que pague las pensiones directamente el Estado y punto. Tampoco parece una solución factible: hoy en día, el importe total de las pensiones asciende a 191.000 millones de euros, lo que supone un 39% total del gasto del Estado[30]. Si, en el futuro, ese gasto asciende a entre un 50% y un 70%, ¿qué hacemos, entonces, con la educación, la sanidad, la defensa, las infraestructuras, los

---

[28] De empleador (32%) y empleado (4%)
[29] futurfinances.com/finanzas-hipotecarias/el-futuro-de-las-pensiones-en-espana/
[30] Proyecto de ley de presupuestos generales del Estado 2023.

subsidios de desempleo, las políticas de igualdad, la atención a la dependencia y demás?

Me temo que si, como todo indica, vas a vivir entre 85 y 90 años[31], y en el futuro las pensiones que queden van a dar para muy, muy, muy poco, la tierra prometida *tampoco* llegará en la antesala de la muerte[32].

Así que, sí: **estás solo** en el gobierno de tu vida.

## CARAJO DE TIERRA PROMETIDA

En resumen, crecemos con la promesa de ser felices en la consecución del logro: **llegar a ser y tener** son las dos grandes aspiraciones que se nos inculca cuando somos pequeños y se nos marca el camino: **trabaja**. El sistema nos engulle en una espiral de esfuerzo por cuenta ajena y gasto desmedido cuyo único objetivo es convertir nuestro tiempo en el beneficio descomunal de otros, cargándonos con estrés y deudas. Y como, ya de adultos, no encontramos la felicidad que se nos había prometido, la postergamos, con la esperanza de una vejez tranquila y merecida. Que ya sabemos nunca llegará.

¿Panorama desolador? Qué va: hay **otra manera de hacer las cosas**, en la que no se trabaja por dinero, la espiral ganar – gastar – deber – gastar deja vertebrar nuestras vidas y recuperamos el dominio de nuestro único tesoro: el tiempo.

---

[31]

www.publicacionescajamar.es/publicacionescajamar/public/pdf/publicaciones-periodicas/mediterraneo-economico/34/el-futuro-de-las-pensiones-en-espana-me34.pdf

[32] Delibes, en "La hoja roja", llama a la jubilación "la antesala de la muerte". Resulta inexplicable que, siendo así, ansiemos poder descansar, por fin, en ese estadio, en lugar de descansar mucho antes.

El objetivo de este libro es proporcionarte puntos de vista distintos, ejemplos de otros estilos de vida, testimonios de quienes ya han transitado por aquí, principios básicos de economía, de gestión de tu patrimonio y de independencia financiera y, en fin, cualquier herramienta que te ayude a ser feliz **a tu manera**.

Por eso, si...

no llegas a fin de mes, hablar de números te aterra, los repartidores de Amazon ya te saludan por la calle, aumentas de talla cada dos años, te gusta tu profesión, pero se te hace cuesta arriba tu trabajo, no sabes en qué se te va el dinero, solo eres padre los fines de semana, la ropa no te cabe en el armario, pagas diez suscripciones[33] o más, las revolving te revuelven, crees que la comida basura es barata **y/o** tienes agujetas en el pulgar...

...pero...

crees en la fuerza de la perseverancia y del compromiso en el largo plazo, te gusta aprender, y estás dispuesto a cambiar tu forma de obrar para obtener resultados distintos...

...o...

---

[33] Spotify, Apple Music, Amazon Music Unlimited, Deezer, Tidal, YouTube Music Premium, Soundcloud Go+, Netflix, HBO Max, Amazon Prime Video, Disney+, Movistar+, Filmin, Atresplayer Premium, FlixOlé, Audible, Storytel, Scribd, Ivoox Premium, Xbox Game Pass, PlayStation Plus, Stadia Pro, El País+, El Mundo +, ABC Premium, Hola!, Lecturas, Diez Minutos, Cuore, Movistar +, Vodafone TV, Orange TV, Filmin, Rakuten TV, Nike Run Club Premium, Adidas Training Hub+, Zwift, Strava, Freeletics, Yoga Studio, Headspace, Calm, World of Warcraft, Final Fantasy XIV, The Elder Scrolls Online, EVE Online, Guild Wars 2, Microsoft 365, Google Workspace, Dropbox, Evernote, Canva, Zoom, Duolingo, LinkedIn, Amazon Prime... ya tú sabes.

estás *empezando* en esto de ser independiente y no te mola cómo lo han hecho tus padres

…entonces…
este libro puede ayudarte.

# II
# LA PÍLDORA ROJA

"Cuando estás a punto de palmarla
te das cuenta de que
las mejores cosas de la vida son gratis"
Brigada Costa del Sol

"Tiempo, tiempo, tiempo...
por eso a mí me tiraban tanto
las pirámides de los antiguos egipcios,
cuyo tema central no era la Muerte,
sino ese único dueño de ánimas y cuerpos, el Tiempo"
Maruja Torres, en "Esperadme en el cielo"

## MI HISTORIA

MORFEO: Te diré por qué estás aquí. Has venido porque sabes algo, algo que no puedes explicar, pero lo sientes. Toda tu vida has creído que algo falla en el mundo. No sabes qué, pero la certeza está clavada en tu corazón y te vuelve loco. Este sentimiento te ha traído a mí. ¿Sabes de qué hablo?
NEO: ¿Matrix?
MORFEO: ¿Quieres saber qué es?
(...)
Morfeo abre sus manos. En la derecha hay una píldora roja. En la izquierda, una azul.
MORFEO: Es tu última oportunidad. A partir de aquí, ya no hay marcha atrás. Si tomas la píldora azul la historia acaba, despiertas en tu cama y crees lo que tú quieras creer.

Las píldoras en las manos abiertas se reflejan en sus gafas.

MORFEO: Si eliges la píldora roja, te quedas en el País de las Maravillas y te enseño lo profunda que es la madriguera del conejo. Recuerda, solo te ofrezco la verdad, nada más.

Cuando sufrí el kafkiano episodio del "No sé, tío, el enfoque no se entiende, es... no se entiende, ¿no?" sentí, como Neo, que *algo fallaba en el mundo*. Antes había estudiado como un campeón, me había currado a muerte la selectividad, me había licenciado en derecho y ciencias económicas y empresariales, había trabajado como como auditor un par de años y había saltado después a la consultoría estratégica. Ahí llegó el mambo: horas y horas y horas; viajes, viajes y viajes, una locura de trabajo, que con su jaleo acalló ese incómodo runrún —algo falla en el mundo, algo falla—. Me ascendieron cada tres años y así la locura se hizo mucho más loca: más horas de curro, más horas, más horas; más viajes laborales, viajes, más viajes; y también más pasta, más pasta, más pasta. Compré piso, gasté fortunas en Ibiza, Nueva York y Tailandia, en estrellas michelín y en marcas. Me casé, tuve hijos, me mudé a una casa más grande, compré coche, mis amigos viajaron, comieron, vistieron, compraron piso, se casaron, tuvieron hijos, compraron coches, se mudaron a casas más grandes... *Oh, sí, la felicidad.*

¿La felicidad? Ya sabemos que no. Veamos el otro lado: curraba entre semana en Barcelona, o Tel Aviv, o Johannesburgo y volvía a Madrid el viernes por la noche; compensaba mi ausencia en casa con una sobrecarga de hiperactividad paterno marital de fin de semana: parques de atracciones, zoos, fiestas de cumpleaños, centros comerciales, teatros, escapadas extenuantes, cenas caras con mi marido y canguro en casa. Disfrute en familia encapsulado. Agotado, volvía al avión el lunes a las seis de la mañana, me desvelaba en los hoteles, respondía mails de madrugada, comía sin masticar, apenas pisaba el gimnasio, cenaba solo en el hotel, bebía vino para amodorrarme, hiperventilaba, abroncaba a mis equipos y me estresaba **todo**: los plazos, los clientes, la calidad de los entregables o los cierres de *quarter*, pero también los cigarros en las terrazas, las risas estridentes, el *ghosting*, la lentitud del tráfico, las manchas en la ropa, los amaneceres nublados, la pantalla azul, las pérdidas de tiempo en las reuniones y, sobre todo, la felicidad de los demás. Me había convertido en mi jefe de tila e hipertensión: cínico, infeliz, y amargado.

Afortunadamente, el cuerpo me avisó y me llevó a urgencias con un ataque de ansiedad. Y esperando los resultados obvios de las pruebas —no tiene nada, señor, está usted somatizando—, descubrí que yo no quería trabajar.

*Como nadie*, *cachondo*, pensarás. Pero sí, me di cuenta cuando esa "certeza clavada en mi corazón que me volvía loco" se convirtió en una epifanía: Debía dejar de trabajar, y estaba dispuesto a conseguirlo, así que tomé la píldora roja, me quedé en el País de las Maravillas, Morfeo me enseñó lo profunda que es la madriguera y *me contó la verdad*.

**En 2018, dejé de trabajar.**

Desde entonces, he bajado mi grasa corporal de un 20% a un 13%; he completado un máster en creación literaria, he escrito una novela a cuatro manos con mi madre y publicado otra en solitario[34]; me he presentado a decenas de certámenes de relatos

---

[34]

www.amazon.es/dp/B09YMQVCBL/ref=cm_sw_r_apan_AJCYACB6YRE9YD6HFG19

y no he ganado ni uno; he ayudado a escribir *ted talks*; estoy escribiendo este libro y dos novelas más; he viajado a Estados Unidos, Canadá, México, Cuba, Puerto Rico, Brasil, Sudáfrica, Marruecos, Qatar, Portugal, Reino Unido, Hungría, Austria, República Checa, Alemania, Italia, Turquía, Singapur, Malasia o Vietnam y solo la COVID me ha frenado; me he certificado por la CNMV[35] como asesor financiero; disfruto de mis hijos de siete a nueve de la mañana, de una a tres de la tarde, y de seis de la tarde a siete de la mañana; colaboro con un par de *startups* en su desarrollo y comunicación; leo 3 libros al mes; hago *mindfulness* a diario; nunca he mirado atrás con nostalgia; no me he aburrido nunca; me he acostumbrado a elegir y a que casi nadie me comprenda; mi cuerpo no me pide azúcar y ahora disfruto lo dulce con intensidad y un placer extático; no necesito más de lo que tengo; apenas bebo alcohol; apenas sigo las redes sociales; me fascinan las historias bien contadas; disfruto de mi pareja y de mis amigos lo que sus agendas nos permiten; y hago, en general, lo que me da la gana.

Sí, es posible salir del Sistema. Yo no soy una excepción; hay cientos de miles, millones de historias más alrededor del mundo: el Sistema embauca, pero no puede retenernos en contra de nuestra voluntad. Escapar es posible: tan solo[36] hay que elegir la píldora roja, y que Morfeo te cuente la verdad.

---

[35] Comisión Nacional del Mercado de Valores, el organismo que se encarga, o al menos lo intenta, de que los mercados de acciones, bonos y otros instrumentos financieros estén lo más arreglados posible.

[36] "Tan solo" es una forma de hablar: alcanzar la independencia financiera requiere de tiempo y esfuerzo. Mucho tiempo y mucho esfuerzo, en realidad. Y cualquiera que te diga lo contrario, solo trata de quedarse con tu tiempo o tu pasta.

## PUES CUÉNTAME LA VERDAD

Mejor te cuento lo que saben los ultrarricos. Ponte en su lugar: Bezos, Zuckerberg o Musk están podridos de pasta, acumulan más poder que muchos estados, construyen el futuro de la humanidad[37] y se sabrán recordados para siempre, pero, ay, amig@: *morirán*. El tiempo se les pasará y llegará un momento en que partirán hacia lo desconocido. Para ellos, lo de un más allá mejor no cuela: ¿Quién querría marchar cuando se tiene todo, ya? Nadie. Pero son visionarios y saben que, a diferencia de los Rockefeller, Ford, Rothschild o cualquiera de los forradísimos del pasado, ellos cuentan con una esperanza fundada: la biotecnología. Por eso están invirtiendo millonadas en la prolongación de la vida. Sergei Brin y Larry Page (Alphabet[38]) han creado Calico, cuya misión es "aprovechar la tecnología para aumentar nuestra comprensión de la biología que controla el envejecimiento humano"[39]. Jeff Bezos fundó Alto Labs para enfocarse en el rejuvenecimiento celular y por ahora ha conseguido detener el envejecimiento celular en ratas. Dimitri Istkov (milmillonario ruso fundador de New Media Stars) promociona la Iniciativa 2045 para alcanzar la amortalidad[40] en

---

[37] Elon Musk ha afirmado que quiere vivir lo suficiente para solucionar todos los problemas de la humanidad. Tal afirmación es a la vez una muestra de su altura de miras mesiánica y de su declarada intención de vivir para siempre.
[38] Matriz de Google.
[39] www.calicolabs.com/mission-and-values
[40] La amortalidad es el estadio en el que se puede prolongar la vida de forma indefinida deteniendo los mecanismos del envejecimiento, aunque un suceso de carácter violento (un atropello, por ejemplo), podría matar a un amortal. Inmortal, sin embargo, es el que no puede morir de ninguna de las maneras (Deadpool, por ejemplo, o Thor. Y poco más, porque hasta a Superman y al Capitán América les llegó su momento). La amortalidad es hoy un objetivo difícil de creer, pero conseguible. La inmortalidad es harina de otro costal.

esa fecha, a través, básicamente, de la transferencia de nuestra conciencia a un ordenador[41]. Neuralink, de Elon Musk, quiere conectar nuestro cerebro con las cosas y, a partir de ahí, podría también transferir nuestra conciencia a cualquier máquina. Peter Thiel (Paypal, Facebook, Palantir) ha invertido en dos *biotechs* — Ambrosia y Breakout Labs—, cuyo objetivo es también la prolongación de la vida. Warren Buffet ya llega tarde[42].

Sí, los ultrarricos buscan la amortalidad porque al forrarse descubrieron que esto va no de dinero sino de **tiempo** y que tienen más de todo que cualquiera, *excepto de lo más importante*. Por eso aspiran a vivir más y quizás lo consigan. Tú y yo nunca seremos amortales[43]; por eso debemos **aprovechar** el tiempo que se nos ha dado, disfrutándolo en nuestras *verdaderas* prioridades. Porque, como afirman los que piensan en inglés, "money is infinite, but time is not".

EL ORO ES TIEMPO

Tras *decidir* que quería dejar de trabajar, tracé un plan[44]. Un punto muy relevante de ese plan consistía en acudir a ayuda psicológica ya que me sentía mal conmigo mismo, estresado y

---

[41] slate.com/business/2013/11/dmitry-itskov-2045-initiative-eternal-living—through-science.html

[42] Inversor americano cuya fortuna asciende a 45.000 millones de dólares y nació en 1930.

[43] Jode bastante asumir que somos probablemente la penúltima o antepenúltima generación que no pueda ser amortal. No hemos llegado por poco, pero nos queda el consuelo de que nuestros nietos o bisnietos probablemente puedan vivir el tiempo que ellos escojan.

[44] Sobre la importancia de trazar un plan, véase el capítulo 4, "Ahorra o nunca".

confuso. Por eso contraté a un *coach*[45], para que me ayudara a poner mis emociones en orden. En la primera sesión me propuso que escribiera la lista de mis prioridades en una tabla. Salió algo tal que así:

Tabla de prioridades de Mateo

| Posición | Prioridad |
|---|---|
| 1 | Mis hijos |
| 2 | Estar sano |
| 3 | Mis padres y hermanos |
| 4 | Mi pareja |
| 5 | Escribir novelas |
| 6 | El *fitness* |
| 7 | Mis amigos |
| 8 | El trabajo |

A continuación, me pidió que listara mis dedicaciones de tiempo de un día cualquiera. Obedecí solícito:

Tabla de reparto del tiempo de Mateo en un día cualquiera

| Horas | Tarea |
|---|---|
| 11 | Trabajo |

---

[45] Tener ayuda en el tránsito es fundamental. Yo tiré de un coach psicológico, que había sido consultor en sus tiempos mozos, me comprendía perfectamente y me quitaba, semanalmente, todos mis miedos. Es un tipo genial, que estaré encantado de presentarte si gustas. Envíame un email: mateo@reallyamazingstories.com

| Horas | Tarea |
|---|---|
| 6 | Dormir |
| 2 | Televisión / RRSS |
| 1 | Cena |
| 1 | Desplazamientos |
| 1 | Gimnasio |
| 1 | Comida |
| 1 | Varios |

—¿Cuánto tiempo dedicas a tu familia y a cuidarte? —me preguntó, a continuación.

La cuenta resultó sencilla.

—Poco —respondí, azorado.

—¿Y a trabajar?

No respondí. Él dejó que me cocinara en mi propio jugo, y después remató:

—Gran parte de tu ansiedad tiene su origen en que tu esfuerzo no está alineado con tus prioridades.

Tenía razón; proclamaba a los cuatro vientos que mis hijos eran para mí lo más importante, pero mis hechos me contradecían: primeros en la tabla de intenciones, sextos en mi dedicación de tiempo. De hecho, las puericultoras de la guardería estaban más tiempo con mis ellos que yo. Recordé entonces cuando un compañero me contó que había llevado al logopeda a su hijo de tres años porque hablaba de una forma muy extraña. El logopeda concluyó que su hijo hablaba perfectamente, pero en tagalo[46].

---

[46] Sí, por la interna filipina.

—No se puede ser feliz cuando uno no dedica su tiempo a lo que ama —concluyó—. Es legítimo querer medrar, subir, ascender en la cadena de mando; pero debemos ser conscientes del coste que supone en la única moneda real: nuestro tiempo. Toda elección implica una renuncia, y si elegimos subir a la cima debemos saber a quién, o qué, estamos dejando atrás, en la base.

Hoy, mi tabla de dedicaciones de tiempo de un día cualquiera pinta tal que así:

Actual tabla de reparto del tiempo
de un día cualquiera de Mateo

| Horas | Tarea |
|---|---|
| 8 | Dormir |
| 5 | Estar con mis hijos |
| 4 | Escribir / leer |
| 4 | Gimnasio y caminar |
| 1 | Netflix |
| 1 | Inversiones |
| 1 | Varios |

Dedicamos mucho tiempo al trabajo y poco a lo que de verdad nos importa. Hay, por supuesto, una multitud de trabajadores motivados, con inquietudes profesionales, afán de desarrollo y un claro objetivo de promoción o consecución del logro, y resulta loable, pero desde el momento en que llegar a ser un gran profesional no está en el podio de tus prioridades[47],

---

[47] De hecho, la realización profesional aparece en pocos países entre las diez principales fuentes de felicidad. Se puede ver en "Global Hapiness Report 2022", de Ipsos.

¿tiene sentido de verdad que el trabajo sea tu primer consumidor de tiempo?

Sí, responderás, porque *hay que* ganar dinero. Y tienes razón: el dinero es necesario, **pero no lo es trabajar**. Podemos cambiar la dinámica entrego—mi—tiempo— por—dinero por una distinta: mi—dinero—genera—tiempo y es aquí donde radica **la verdadera utilidad de la pasta**: permite comprar cosas, por supuesto, pero sobre todo permite **tener tiempo.** El dinero nos devuelve la coherencia entre nuestras prioridades y nuestras dedicaciones cuando lo convertimos en tiempo. El Sistema quiere que lo gastemos en cosas para que la rueda del trabajo—consumo siga girando, pero, y si en lugar de gastarlo, ¿lo ponemos a generar tiempo? Pues sucederá que, en lugar de ser usados por el Sistema, nos aprovecharemos de él.

Un ejemplo: asumamos que ganas 15.000 euros netos[48] al año y que compras a plazos un coche de 15.000 euros. Si lo conduces durante 10 años, los gastos ocasionados (gasolina, impuestos, aparcamiento, multas, seguro, intereses de las letras, revisiones, reparaciones, etc.) sumarán probablemente otros 15.000 euros. Total, 30.000 euros, o dicho de otra manera: trabajarás **dos de cada diez años** para tener un coche que después cambiarás por otro que te costará de nuevo dos años de trabajo (o más, si aspiras a uno más caro).

¿Qué sucede si en lugar de comprar un coche para usarlo, lo compras para *alquilarlo*? Es el caso de **mi amigo Allan**, nómada digital, que ahora vive en Tenerife y tiene un par de coches dedicados al alquiler, que le dan una renta de 500 euros al mes cada uno, sin mover un dedo. Así, Allan trabaja por las mañanas

---

[48] Netos = después de pagar impuestos directos (IRPF) y contribuciones a la seguridad social por parte del empleado.

en el diseño de páginas web *porque le gusta* y pasa las tardes *en la playa*.

El Sistema te dirá: **gasta** 30.000 euros en un coche para "tener **libertad**"[49]. Mi amigo Allan: **invierte** 30.000 euros para no trabajar por las tardes. Supongamos que haces caso a Allan y que, incluso, decides ir más allá. ¿Qué sucederá cuando inviertas lo suficiente para que los rendimientos de las inversiones cubran tus gastos mensuales? Pues que *no necesitarás trabajar* o, al menos, trabajar por dinero. Alcanzarás así la independencia financiera: te liberarás de la primera carga impuesta de tiempo —ganarse un sueldo— y serás libre de asignar tú día a día como quieras. ¿Te imaginas? Tendrás tiempo para tus hij@s, tus amig@s, tu churri o tus perros, es@s que piden el oro y el moro pero que, en el fondo, lo único que quieren es que les dediques tiempo; podrás cultivar tu mente y mimar tu cuerpo, lejos de estresores y distractores innecesarios; tendrás flexibilidad para viajar cuando no viaja nadie; podrás despertarte sin alarmas y, paradójicamente, lo harás bien prontito porque los días serán tuyos y adorarás aprovecharlos.

Y entonces dirás: "Jódete, Sistema, esto **sí es libertad**".

UNA NUEVA VISIÓN DEL TRABAJO

¿Hay, pues, que trabajar? Respondo: ¿Por qué no? A pesar de su raíz etimológica esclavista, el trabajo en sí no es malo. Ni tampoco bueno. Como cualquier instrumento, depende del uso que se le dé.

---

[49] Quizás recuerdes el anuncio "¿Te gusta conducir?". Todo un canto a la libertad, que te costará dos años de trabajo —400 días laborables, 3.600 horas pringando— y estará el 97% de su vida útil encerrada en un garaje.

Como apunta Vicki Robin[50], aspectos del trabajo como el reconocimiento personal, la consecución del logro, el afrontar retos, la relación con los demás o sentirse útil, consideradas aparte, son fuente de felicidad; el problema llega cuando *necesitamos* un trabajo remunerado.

Imagina que no tuvieras que trabajar por dinero. Probablemente muchas cosas cambiarían. Si amas tu profesión, continuarías dedicándote a lo tuyo, pero con seguridad lo harías con tu horario, a tu manera, desde tu casa o la playa, con tus plazos y tus propios retos. Si eres arquitecto, podrías aceptar construir para tu amigo ese chalé a lo Mies van de Rohe y dejar de diseñar naves industriales, o de delinear. Si eres médico, podrías pasar consulta solo los martes. Si eres contable, podrías montar Contables Sin Fronteras y ayudar, por ejemplo, a los monjes cartujos con su contabilidad[51]. Si eres filólogo clásico, pero sorprendentemente no has podido dedicarte a lo tuyo sino, por ejemplo, al comercio marítimo, podrías dar clases de latín y griego a quien te lo pida, o convertirte en latinstagrammer o greektoker *a tiempo completo*, o vivir al pie de la Acrópolis sin dar palo al agua. Y si no amas tu profesión o no la amas ya, podrías cambiar a la que te diera la gana, una y cuantas veces quisieras. ¿Eres albañil con alma de actor? Actuarías. ¿Eres recepcionista y quieres ser escritor? Escribirías. ¿No te va nada? Pues te entregarías al *dolce far niente*, sin más.

La independencia financiera nos permite entablar una nueva relación con el trabajo, centrada en el desarrollo de una profesión o un oficio como fuente de satisfacción, retos o desarrollo personal, mientras que la sujeción a una cadena de

---

[50] "La bolsa o la vida", 2019
[51] No me lo invento, es un caso real.

mando (con jefes, empleados y clientes), un horario, unos hitos, una cuenta de resultados y demás fanfarria laboral pasan a ser elementos accesorios y modulables a voluntad. ¿Que quieres tener clientes? Adelante. ¿Que no? Pues nada. ¿Que quieres ponerte plazos? Adelante. ¿Que mejor sin prisas y que todo salga según lo imprevisto? No pasa nada ¿Que quieres pensar a lo grande? Complicarte la existencia te encantará ¿Que no? Pues no—pa—sa—na—da.

Sonríes, escéptico. No conoces tú mi vida, piensas, y es verdad. Solo tú la conoces y, si no te gusta, solo tú puedes cambiarla. Yo solo te presento una realidad tan distinta como posible: trabajar cuando te dé la gana, porque tus fuentes de ingresos no dependan de tu vida laboral. Créeme, es maravilloso trabajar por amor al arte, y repito: es perfectamente posible. Muchos ya lo han logrado.

## MIS AMIGAS

Mi amiga **Berta** estudió farmacia porque eso de los medicamentos es su pasión. Los derroteros de la vida la llevaron a la industria farmacéutica, y allí medró. Años después, trabajamos juntos en la consultora y posteriormente montó su propia compañía de externalización de procesos farmacéuticos. En seis años, vendió la empresa a un gigante alemán y ahora está lo suficientemente montada en el dólar como para poder hacer lo que le da la gana. Que, en concreto, consiste en tener una farmacia.

Mi amiga **Carla** se forró muy joven. Tuvo la suerte de pillar la cresta de las puntocom de principio de siglo para invertir en un par de *startups* que crecieron como la espuma. Vendió antes de que se fuera todo al carajo y se encontró a los treinta, con millones en la cuenta corriente, oficialmente retirada. Para poder gestionar su pasta, comenzó a interesarse por el mundo financiero y le fue tan bien que montó un negocio de gestión de activos y asesoramiento financiero.

Berta en su farmacia; Carla en *su* oficina de la Castellana ¿Ambas trabajan? Apuesta a que sí; pero ninguna *tiene* que trabajar. Eso le da un brillo distinto a las mañanas.

Pero no es necesario haberse montado en el dólar para retirarse. Mi amiga **Daniela** elabora productos artesanos desde su casa. Comenzó como una afición, pero la demanda de sus artículos en Etsy creció tanto que dejó su trabajo de oficinista y, desde casa y con cuatro horas al día, gana más que en su antiguo trabajo.

Como ves, hay muchos caminos trazables.

### QUÉ ES RETIRARSE, PUES

Retirarse es **no tener que trabajar por dinero**.

Lo cual es distinto que jubilarse. Jubilarse suena a claudicación, a echarse a un lado cuando ya se es inútil, a renquear hacia las postrimerías y gastar la pensión en medicinas y *aqua gym*; suena a postergar la consecución de nuestros sueños a un momento en que ya no tendremos fuerzas para disfrutarlos; suena a rendición cansada y vegetar; a espera resignada del final.

Retirarse supone haber salido del Sistema mucho antes de que te preocupen los escapes. Supone, precisamente, abandonarlo en plenitud de fuerzas, facultades y deseos, para comenzar una vida libre, alejada de falsos brillos y promesas fatuas. Supone desarrollar una mentalidad financiera y consciente y lograr las suficientes fuentes de ingresos ajenas a la entrega de nuestro tiempo como para que podamos vivir sin trabajar o que decidamos trabajar libremente, no por necesidad.

La fecha de la jubilación nos viene impuesta. La del retiro, está en nuestras manos. La cuantía de la pensión está determinada; la del retiro, está en nuestras manos. Que en un futuro podamos jubilarnos, dependerá de lo que los gobernantes o la pirámide poblacional dicten; que podamos retirarnos, siempre está en nuestras manos.

Si es cierto que estamos solos en el gobierno de nuestra vida, también es verdad que *tenemos la libertad para gobernarla*. Tan solo hay que aceptar que la madriguera del conejo puede ser oscura y solitaria y que recorreremos solos el camino. Renunciar al Sistema implica renunciar el cobijo falaz del Estado antes de que el Estado nos deje en la estacada y emprender un viaje que desde el Sistema pocos comprenderán, pero que resulta fascinante.

## EL PROPÓSITO DE ESTE LIBRO

Esto no es un *get rich quick*[52]. Mi intención es ayudar a quien lo desee a salir del Sistema, pero no quiero dar falsas esperanzas: lograrlo *cuesta un huevo*. Y no hablo de dinero, sino de esfuerzo. No me oirás —leerás— decir que te puedes retirar pronto, sin esfuerzo y más forrado que una Kardashian, porque quien lo afirme, miente a gritos. No hay atajos, secretos ni fórmulas mágicas, sino determinación y constancia. Entonces, ¿esto será un infierno? Pues tampoco: Se puede construir un patrimonio y disfrutar de la vida al mismo tiempo. Se puede,

---

[52] Libros del estilo "hazte rico rápido", que te venden el oro y el moro de una forma bastante sugerente y molan para pasar el rato leyendo economía ficción, pero que en el mundo real no sirven para nada.

simultáneamente, vivir el presente con intensidad y preparar el futuro deseado. Se puede saborear el camino fijando una meta muy clara. No es ni muy fácil ni muy difícil: tan solo requiere de un objetivo y un método.

El objetivo lo pones tú. Mi intención es proporcionarte el método. Para ello, he tirado de mi propia experiencia y de la los expertos que en los últimos cincuenta años han destilado los principios de la independencia financiera: Robert Kiyosaki, Tim Ferris, Vicki Robin, Grant Sabatier, The Money Moustache y otros muchos del mundo anglosajón, cuyas lecciones he intentado adaptar al *contexto español*; también de la vida de decenas de maravillosas almas que se han prestado a darme su testimonio para poder incluirlo en este libro: nómadas digitales, profesionales de éxito, emprendedores y empresarios, filántropos, algún futuro maestro zen, amas de casa… ejemplos anónimos *en orden alfabético* de que es posible vivir una vida plena sin el corsé del Sistema. Intentaré hacerlo ameno y sencillo de entender *para quien carece de conocimientos financieros*[53], pero seré sincero: si no te va mojarte el culo, no tendrás peces, así que una de dos: o estás dispuesto a hacer cosas distintas para obtener resultados distintos o es mejor que no pierdas el tiempo.

---

[53] Si, por el contrario, tienes profundos conocimientos de finanzas personales, este libro se te quedará corto y, por tanto, no te lo recomiendo.

# III
# EL SÍNDROME DE MÜLLER—WEISS

> "I want it all and I want it now."
> Queen

> "Es mejor mirar al cielo que vivir allí"
> Truman Capote

> "Nada que valga la pena es fácil"
> Nicholas Sparks

## EL OBJETIVO DE FIJARSE UN OBJETIVO

Un objetivo erige el faro en la travesía, marca la dirección correcta y descarta las demás, afianza la decisión en los momentos de duda y reconduce los deslices momentáneos. Cuando el diablo del detalle alimenta el desánimo, el objetivo nos recuerda por qué y para qué, nos da motivos para continuar y clarifica: sé lo que hago y por qué lo hago. Es, en definitiva, el cimiento sobre el que construir el plan y el plan es el camino. Objetivo y plan; sin ellos, es imposible avanzar.

Mi amiga **Esther** hacía *bullying* de pequeña. Sentía un irrefrenable impulso por pegar al empollón, pero, afortunadamente, maduró y a los doce años cinceló su objetivo vital. "Quiero que, si en mi entierro alguien mira por un agujerito, vea a todos decir que yo fui una buena persona". Con tan tierna aproximación preadolescente a las postrimerías, pasó de canear al prójimo a proponerse firmemente hacerle el bien. A los cuarenta, fundó una *startup* cuyo objetivo es "transformar el sector de la formación en habilidades personales". Trasladó su objetivo vital a un objetivo profesional, para crear una asombrosa aplicación de realidad virtual e inteligencia artificial que ayuda a trabajadores y estudiantes de todo el mundo a mejorar sus habilidades de presentación en público. Cuando la venda, montará otras *startups* para ayudar a las personas a desarrollar otras habilidades personales. Reinvertirá la pasta en nuevos proyectos; disfrutará de sol a sol en el desarrollo de nuevas capacidades; y ayudará con su empuje, su determinación y su ángel a la transformación del sector de la formación. Hasta que el cuerpo aguante, porque así lo ha determinado.

Trazar un objetivo es el principio de todo proceso ordenado, la guía ilusionante en la aridez del tránsito y el comienzo necesario para un final exitoso. Todos los grandes logros han partido de un objetivo. Nada relevante surge de la casualidad. Sin un norte claro no se avanza; sin un objetivo *se pierde el tiempo*, o, aún peor, se regala al Sistema. Lo que distingue a los grandes de los pequeños es que han tenido un propósito, un objetivo que ha iluminado sus vidas y los ha *motivado*. Sin un objetivo claro, es imposible llegar.

Por eso es necesario que recopiles las aspiraciones más nobles y esas ilusiones frustradas y las destiles a su esencia nuclear, absoluta y única en forma de un gran objetivo vital y que, después, *utilices* el dinero para alcanzarlo.

### TU PASIÓN

Ese objetivo vital debe ser expresión de tu pasión en la vida; por eso me gusta llamarlo *Tu Objetivo Pasión*. TOP debe excitarte en su irreverencia ante el Sistema y debe darte un vértigo rebelde y reconfortante. TOP debe apabullarte en su inmensidad y quizás lo veas muy lejano, pero precisamente por eso te retará y te ilusionará. TOP debe despertar el gran sueño adolescente que emborronó el crecer, recuperado, lustrado y más brillante que nunca. Con TOP florece, por fin, tu yo secreto. TOP es lo que sigue a "si me tocara la lotería…" o al primer "hágase" del genio de la lámpara o a los superpoderes de la última de Marvel. TOP es el recuerdo reconfortante de los tiempos en los que creíamos que todo era posible, revitalizado, remozado y, por fin, realizable. TOP, cómo no, tiene que ser *lo más.*

"Dar diez veces la vuelta al mundo en catamarán", puedes decir, y que se te encoja el envoltorio de la entrepierna o se te retuerza la matriz. "Tener seis hij@s y educarlos yo mism@", y que dejes de respirar al imaginarlo. "Dar diez veces la vuelta al mundo en catamarán con mis seis hij@s", "Crear una ONG", "Pintar los mejores grafitis", "Probar todos los tres estrellas michelín del mundo", "Ser culturista", "Sacar ocho carreras y aprender diez idiomas". "Crear una escuela de samba". Sí, lo que te haga resoplar. Debes pensar a lo grande, por qué no. Recupera tu derecho a soñar.

Más tarde traducirás tu objetivo pasión a pasta y al poner los pies en la tierra quizás debas matizar (en lugar de diez vueltas al mundo, a lo mejor se queda en siete, o en lugar de seis hij@s, a lo mejor son tres, caniche y gato), pero ahora es tiempo de remozar la ilusión. "Montar con mi chic@ un chiringuito en Bali", "Concursar en *Got Talent*", "Ser escultor/a", "Empollarme toda la historia de España", "Tener mi propio restaurante", "Ser maestr@ cervecer@". Te mereces volver a pensar *a lo grande.*

## TU OBJETIVO

TOP tiene que ser *tuyo* y de nadie más. El de mi amigo **Fran** es generar un impacto indeleble en la sociedad. El de **Gerard**, compañero de máster, es hacer feliz a su mujer[54]. El de **Hipo**, policía nacional, es tener un hijo por gestación subrogada. Como ves, hay TOPs para todos los gustos; tú debes tener el tuyo, sea el que sea, pero, sea el que sea, tiene que ser *el tuyo*.

Como ya sabes, el mío fue dejar de trabajar para escribir, y ya conoces las razones. Pero no siempre fue así. De hecho, hasta que trabajé *no sabía* que no quería trabajar. Sucede a menudo: ansías algo cuando es una promesa o un futuro, y cuando lo alcanzas, no solo no te gusta, sino que quieres abandonarlo. Fue mi caso: ahí estaba yo, promocionado a socio en la consultora, y, como sabes, bien jodido. Cambié, pues, mis objetivos primigenios porque me eran ajenos: estudiar duro o trabajar con tesón eran, en realidad, unos objetivos impuestos (o, digamos, sugeridos con una subliminal insistencia) por el más noble deseo de mis padres, por la presión social, por el Sistema. El hastío de una vida que no me convencía me llevó, por fin, a matar al padre[55] y, liberado ya de la Herencia (en mayúscula), recuperé mi pasión reprimida por la escritura y concluí que, para escribir, no podía trabajar.

En una de las sesiones, le pregunté a mi *coach*: "¿Y si pasados tres o cuatro años me canso de escribir y me da por, no sé, la vela, el *petit point* o incluso volver a trabajar?". Él sonrió y

---

[54] Así respondió mi compi a la pregunta del profe de estrategia de negocio, y nos dejó a todos completamente enamorados de su causa.

[55] Término freudiano que viene a decir que uno se independiza de los valores heredados para adquirir los propios. Respira, mamá, papá está perfectamente.

me contestó con otra pregunta: "¿Y qué?". Tenía razón: si después quería cambiar, ¿por qué no?

Ha sido así: hoy en día, seis años después de retirarme, sigo escribiendo, pero también me dedico a gestionar mis inversiones, al *fitness*, y tengo otros proyectos de emprendimiento, que algunos considerarían trabajar y tendrían razón, pero lo es a mi manera. Así que, en realidad, mi objetivo pasión ha florecido, hago lo que quiero, cuando quiero, con quien quiero, y me siento libre.

Por eso, es necesario que te plantees cuál es *tu* objetivo pasión y qué pretendes del dinero: ¿La consecución de un estatus social?, ¿de un determinado tren de vida?, ¿quieres estar el mayor tiempo posible con tu chic@, con tus hij@s, con l@s tuy@s?, ¿quieres viajar? Cualquier objetivo es legítimo. Cualquiera. Pero, recuerda, debe ser *el tuyo*.

"Tuyo" quiere decir que solo tú lo determinas, pero también que tú estableces los plazos (¿cuándo quiero conseguirlo?), la manera (¿cómo voy a conseguirlo?, ¿a qué ritmo?, ¿por qué lo hago?) y a lo que estás dispuesto a dejar atrás. "Tuyo" quiere decir que TOP debe quedar a salvo del influjo pernicioso del Sistema —que barrerá para casa—, de los objetivos de los demás y del qué dirán. Tuyo. O vuestro, si camináis en pareja. Sin más.

## SINCERO

TOP debe ser sincero, porque todo lo que hagas después deberá ser coherente con tu objetivo. Es decir, debes escoger una *reason why* que realmente desees y ese *realmente* vendrá medido por lo que estarás dispuesto a sacrificar para conseguirlo, porque toda elección implica renuncia y debes ser consciente de que, si eliges un objetivo, estás renunciando a los demás. Un objetivo que no sea sincero caerá a la primera de cambio.

Mi amiga **Inés** decidió que su objetivo era "dejar de trabajar cuanto antes" y se puso manos a la obra. Intuyó —acertadamente—, que el camino para lograrlo era ahorrar e invertir y por eso trazó un plan de reducción de gastos. Averiguó que se le iba una fortuna en chorradas que compraba en el súper y propuso a su madre que cocinara para ella a razón de 5 euros por comida. La idea funcionó, e Inés ahorró 100 euros en el primer mes y, tan contenta que estaba, se dio un homenaje en Horcher con las ganancias. Así, lo que entró, salió. Sucedió porque el objetivo de Inés era relevante pero no sincero. Había formulado una simple declaración de intenciones, sin más, sin fuerza para sobrevivir al primer envite. Cayó ante la elección preferida del hedonismo, que es completamente legítima, pero incompatible con el objetivo de ahorrar para retirarse.

Así, después de soñar —" vivir la mitad del año en Madrid y la otra mitad en Playa de Carmen", "abrir un museo del manga"—, debes preguntarte: ¿estoy dispuesto a renunciar a lo que sea —siempre dentro de lo razonable— por cumplir este objetivo? Tiene que ser así, porque, en definitiva, nada que valga la pena es fácil y, cuando llegue la hora de pringar, debes tener el norte muy claro.

## TU OBJETIVO PASIÓN EN TIEMPO

Cuando tengas tu objetivo pasión formulado, analiza cuánto tiempo consumirá de tu día, una vez conseguido, por una razón muy sencilla: probablemente deberás dejar de trabajar. O hacerlo de una forma distinta. O trabajar menos horas. O buscar un nuevo trabajo. Dar la vuelta al mundo en catamarán exige teletrabajar o no trabajar. Sacarte ocho carreras y aprender diez idiomas se tornará tu nueva ocupación principal. Ser un buen *bookstagrammer* demanda leer mucho. Tendrás que ver hasta qué punto tu objetivo cumplido te exigirá una dedicación completa o parcial, para ir preparando tu nueva vida.

Y, de nuevo: es posible dejar de trabajar; tan solo, recuerda, hay que trazar un plan, y ejecutarlo. Por ahora, confórmate con responder a esta pregunta: Para poder —coloca aquí tu objetivo pasión—, ¿he de cambiar de trabajo?, ¿debo reducir mi jornada laboral?, ¿o simplemente tengo que dejar de trabajar?

## TRADUCIR TU OBJETIVO PASIÓN A PASTA

Recapitulemos: tu objetivo pasión está definido y sabes hasta qué punto, tras conseguirlo, tu vida laboral se habrá modificado. Sabes que quieres, por ejemplo, enrolarte en World Central Kitchen y por tanto no *tendrás tiempo* para trabajar por dinero, así que el *dinero tendrá que trabajar por ti*. Como te comenté, llegará el momento en que tengas suficiente dinero *ahorrado e invertido* para que los rendimientos generados cada año sean superiores a tus gastos anuales. Entonces, no será necesario que trabajes por dinero y, además, tu patrimonio no solo no descenderá, sino que aumentará. Es decir, no trabajarás y cada vez tendrás más dinero. Por eso, debes saber cuánto dinero necesitas para que él trabaje por ti.

Vale, ¿y de cuánto estamos hablando? Pues depende de tus gastos, lo cual resulta obvio: a más gastos, más deberás invertir para cubrirlos con rendimientos. Así que lo primero que tienes que hacer es saber *cuánto gastas al año*. Da igual si es mucho o poco, o si es suficiente o es demasiado, si tus gastos te hacen feliz o desgraciado. No es el momento de cuestionarse si está bien o mal; en este estadio solo debes saber *cuánto gastas*. Aquí entramos en dos posibilidades. Primera: ya lo sabes. Pues bravo. Más adelante hablaremos de la importancia de la educación financiera, pero es un gran avance saber lo que gastas, porque lo que no se mide, no se mejora, y tener ya un conocimiento aproximado o al céntimo en qué se te va el sueldo, es partir con ventaja. Segunda: No tienes ni idea. No pasa nada: puedes calcularlo ahora haciendo números del Gran Capitán, que por ahora ya nos valen. Multiplica tu nómina neta por el número de pagas. Ahora piensa qué porcentaje de tu sueldo sueles ahorrar al mes y aplícalo al total. Con eso tendrás grosso modo lo que gastas al año.

Un ejemplo: supongamos que el objetivo de Pepe es ser actor de impro, y que, por tanto, en el futuro no *tendrá tiempo* para trabajar así que necesita calcular cuánto dinero debe tener invertido para que trabaje por él. Ahora cobra 1.200 euros netos al mes y tiene dos pagas extras. Eso hace un total de 16.800 euros. Échale que ahorra casi todos los meses un poco, digamos que un 10%, con lo cual gasta al año unos 15.120 euros[56]. Si resulta que nunca llegas a fin de mes y tiras de tarjeta o similar, aplica un porcentaje de ahorro negativo. En el caso de Pepe, si necesita 50 euros más al mes de media, para ir tirando, tendría que sumar 50 a 1.200 y después multiplicar por 14, con lo que su gasto sería de 17.500 euros.[57]

---

[56] 16.800€ * (1−10%)

[57] (1.200 + 50) * 14. Y me temo que tienes un problema, pero *keep calm*, todo tiene solución.

Bueno, pues ya tenemos una primera estimación. Ahora, tenemos que multiplicar ese número por 25[58]. En el caso del Pepe que sí ahorra cada mes, debería tener invertidos para no tener que trabajar y dedicarse a la impro unos 378.000 euros. En el caso del Pepe que no ahorra y gasta más de lo que tiene, la cifra asciende a 437.500 euros.

Tras calcular tu número dirás: **En mi p\*\*\* vida** podré reunir tanto dinero. Bueno, empiezas a vislumbrar lo profunda que es la madriguera del conejo, pero, aunque el número te apabulle, créeme, se puede conseguir. No es fácil y requiere de cambios y de un camino largo, *pero se puede*.

## EL WOW MOMENT VERSUS LA RESILIENCIA

Oí decir hace unos años: "Los chinos de aquí parecen tonticos: míralos, metidos en su tienda todo el día, curran catorce horas de lunes a domingo, desayunan, comen y cenan frente a una pantalla con películas en mandarín dentro de su cubículo,

---

[58] Es una estimación comúnmente aceptada en el mundillo de la independencia financiera. Grant Sabatier alude a ella en "Financial Freedom". Habla del Trinity studio, que mostró que existe un 98% de probabilidad de que una inversión en un 75% de acciones y un 25% de bonos aguante al menos 30 retirando un 4% anual y soportando un 4% de inflación. En el libro, Sabatier viene a demostrar que este principio es perfectamente extensible a más de 30 años. Otros gurús, como Vicki Robin o Mr Money Moustache se apoyan también en este cálculo.

Yo, personalmente, he preferido siempre hacer una proyección de ingresos y gastos hasta los 99 años y he de reconocer que este enfoque *bottom up* valida el *top down* (los números del Gran Capitán, vamos), por lo menos en mi caso, aunque recomiendo que a medida que se avance en el método se realice este ejercicio, porque los costes a lo largo de nuestra vida pueden ser variables (p.ej., la educación de los niños) y puede ser necesario refinar el primer número del gran capitán.

atendiendo clientes sin parar. Esos *workoholics* no saben disfrutar de la vida."

Bueno, en realidad, es que tienen un plan. Me lo explicó mi amigo **Juan**, chino treintañero que vino de Qingtian seis años atrás y regenta una tienda de alimentación no lejos de mi casa. Con los beneficios de un año aquí gana como allí en diez. Tiene previsto currar ocho para volver a su casa después y no trabajar más. Lejos de ser adicto al trabajo, lo odia; por eso, trabajará solo un 10% de su vida. Los "chinos de aquí" son incomprendidos por los españoles que los tratamos con condescendencia, pero tienen un plan, y lo aplican con determinación y constancia.

Mi amigo **Key** también tiene un plan. Ingeniero naval recién licenciado, trabaja en un carguero. Ahora en prácticas, planea ascender a tercer oficial; después, a segundo; más tarde, a primero; y, por último, cursará un máster para capitán. Trabaja seis meses en el barco y seis meses descansa en tierra. Cuando zarpa, ahorra íntegramente su sueldo, porque el barco paga lo que necesita y más allá de lo que necesita, no puede gastar en nada. Cuando llega a tierra, gestiona un par de apartamentos vacacionales. A los cuarenta, buscará trabajo en el puerto o se retirará. Tiene un plan, y lo aplicará con determinación y constancia.

Pero no es necesario adoptar un modo de vida tan exigente. No hay que emigrar o aislarse en un barco. Dejar de tomar a diario tu Salted Caramel Cream Cold Brew venti con leche de soja y doble de sacarina en el descanso del curro y hacerlo en días alternos, te ahorrarán 395 euros al año que, bien invertidos, suman 9.880 euros en 15 años[59]. Invertir cada día un

---

[59] 9.880 euros es el valor futuro de una serie de ahorros de 395 euros anuales, durante 15 años, a un interés del 8% y unos impuestos del 23%.

billete de 10 euros te dará 51.549 euros en diez años[60]. Grandes *gestas*, pequeños *gestos*, da igual. Lo importante es que se hagan cada día: **determinación** y **constancia**. Juan y Key lo tienen bien claro; también Dabiz Muñoz y Rafa Nadal.

Dabiz Muñoz es conocido por sus estrellas Michelin, pero también porque corre. Cuenta en "El Xef" que cuando se marca un objetivo de, pongamos, cinco kilómetros, no para hasta que lo consigue. No se queda en cuatro ni en cuatro novecientos. Si son cinco, son cinco. Y lo hace porque así acostumbra a forjar su mente en la disciplina del logro. Por eso, cuando luego exige a sus equipos un nuevo plato de diez, no para hasta conseguirlo, y sus equipos lo sufren, porque, aunque logran nueves y medios, a él le da igual: solo el diez basta. **Determinación y constancia**.

Toni Nadal entrenó a su sobrino Rafa durante más de un cuarto de siglo; ahora es conferenciante y predica con gran acierto el valor de la resiliencia. Que qué es la resiliencia, preguntarás. Pues viene a ser, básicamente, Rafa Nadal, y consiste en luchar incansablemente, pelear cada punto como si fuera una bola de partido, sobreponerse a la adversidad, darle a cada pelota como si fuera la última, no rendirse jamás y entrenar a pesar del dolor crónico en el pie izquierdo. Así ha sido desde que a los 12 años Rafa ganó su primer campeonato de España. 18 *grand slams* después, Rafa sigue luchando cada pelota, cada punto, cada entrenamiento, como si fuera el último, o el primero. Determinación y constancia. "El *drive* me ha hecho ganar muchos puntos", dice Rafa, "la actitud me ha hecho ganar muchos partidos". Visto en la distancia, el Rafa de 12 años habría dicho

---

[60] 51.459 euros es el valor futuro de una serie de ahorros de 10 euros diarios (3.650 euros anuales), durante 15 años, a un interés del 8% y unos impuestos del 23%.

"uf, es imposible ganar 18 *grand slams*". Pero ahí están. El camino: **determinación y constancia**.

Lamentablemente, eso de perseverar en tiempos del "wow moment" chirría. Cuenta su tío Toni que a la Academia Rafa Nadal llegan excelentes promesas de todas partes del mundo y que parte se frustra por tres motivos: una falta de ánimo, la sobrevaloración personal y, sobre todo, la necesidad de inmediatez. Y es que, con lo que nos han vendido —te lo mereces todo, chaval, y te lo mereces ya—, tendemos a rechazar lo que no nos sale de inmediato. ¿Ahorrar 375.000, o 500.000 o un millón es inabarcable? Ni mucho menos: tan solo *lleva tiempo*. Pero nos tira para atrás porque nos han acostumbrado al *I want it all and I want it now*; sin embargo, Freddy solo hubo uno y, en realidad, el Sistema tampoco da lo que promete, ni mucho menos, o, de otro modo, no estaríamos frustrados.

Lo que te propone el lado de los míos es que pospongas tu satisfacción inmediata por una recompensa verdadera: el cumplimiento de tu objetivo pasión. Que dejes de sacrificarte para el Sistema. Que conviertas tu vida en el regalo que te haces a ti mismo. Y que, para ello, reenfoques tu esfuerzo. Rafa ha ganado 18 *grand slams* luchando cada pelota, cada punto, cada dolor. Desde su primer campeonato de España han pasado a fecha de redacción de este libro, 27 años. Desde hace la mitad, cada vez que entrena, en cada partido, el dolor que le provoca el síndrome de Müller—Weiss es inabarcable. Pero ahí está: legendario, aunque su tío dice que Rafa es un tipo normal y que lo que lo diferencia de los demás es su resiliencia y su extraordinaria capacidad de trabajo. Así que no me digas que tú, que eres otr@ tip@ normal, no te ves capaz de cumplir tu objetivo pasión, sea cual sea, en el tiempo que sea necesario, haciendo como Rafa: *currándotelo*, con **determinación y constancia.**

Perdona, dijiste determinación, ¿y?
Y constancia, c***, cons-tan-cia.

## TRADUCIR TU OBJETIVO PASIÓN A TIEMPO

Okey, dices, esto va de currárselo en el tiempo, ¿pero de cuántos años hablamos? Bajemos, pues, por la madriguera del conejo. Los años que te quedan para cumplir TOP dependen de una única variable: **tu capacidad de ahorro e inversión**. Es irrelevante que ganes mucho o poco; tan solo importa qué porcentaje de esos ingresos eres capaz de ahorrar y, después, invertir. Porque por mucho que ganes, si gastas lo mismo que ganas no te retirarás *nunca*; y, al revés, en el hipotético caso de que pudieras ahorrar todo lo que ganas, eso supondría que no tienes gastos y que, por tanto, no necesitas trabajar. La siguiente tabla muestra los años que quedan para retirarte en función de tu capacidad de ahorro e inversión[61] sobre el total de tus ingresos:

| Capacidad de ahorro sobre tus ingresos | Años para retirarte |
|---|---|
| 1% | 83 |
| 5% | 56 |
| 10% | 44 |
| 15% | 37 |
| 20% | 32 |

---

[61] Bajo las hipótesis de que: 1) Puedes generar unos rendimientos en tus inversiones de un 8%, que es perfectamente posible, pagando un 23% de impuestos; 2) No partes con un patrimonio actual, ni positivo ni negativo.

| Capacidad de ahorro sobre tus ingresos | Años para retirarte |
|---|---|
| 25% | 28 |
| 30% | 25 |
| 40% | 19 |
| 50% | 15 |
| 70% | 8 |
| 80% | 5 |
| 90% | 2 |
| 100% | 0 |

En el caso de Pepe, que ahorra un 10%, tardará unos **44 años** en dejar de trabajar. Por eso existe un sistema público de pensiones que asegure el bienestar de las personas cuando se jubilen: con nuestra mentalidad actual no podríamos sobrevivir sin el apoyo estatal. Pero, como recordarás, la sostenibilidad de las pensiones está en peligro. Eso quiere decir que si ahora tienes 50 años es probable que tú también cobres una pensión; pero si tienes 35, o 25, todo indica que del actual sistema de reparto no puedes esperar nada.

Sin embargo, si Pepe reduce sus gastos un 20% —ya veremos más adelante cómo—, los años que le quedarán para jubilarse bajan a 28; es decir, se ha quitado de encima 16 años de espera; no está mal, pero todavía no vale. Si Pepe aumenta su nómina un 20% —y también veremos cómo más adelante—, entonces podrá retirarse en 19 años. Y si logra ingresos adicionales de como un 25% de su sueldo, entonces necesitará 15 años. Ahí la cosa cambia, porque si Pepe tiene por ejemplo 30 años, *podrá retirarse a los 45* y eso ya suena muy bien. Ahí está, pues, el reto de Pepe: aumentar todo lo que pueda sus fuentes de ingresos, reducir algo sus gastos —únicamente aquellos que realmente no necesita— y ahorrar el 50% para invertir, reinvertir lo invertido y seguir ahorrando para invertir, y reinvertir y dejar que el dinero creciendo hasta que, a los 45, no necesite trabajar.

En esto consiste el movimiento FIRE[62], del que se ha criticado que solo es factible para aquellos que tienen altas fuentes de ingresos durante su carrera: consultores —mi caso—, banqueros de inversión, o *estartaperos* que dan el pelotazo antes de los treinta. No les falta razón: con buena p*** bien se f*** y, si no te metes en la espiral del ganas—gastas—ganasmás—gastasmuchomás, resulta sencillo alcanzar pronto la independencia financiera. Pero fíjate que si cuando yo era consultor y ganaba 9.000 euros al mes hubiera gastado 9.500 en todo tipo de caprichos, a estas alturas estaría arruinado. Así que *unos ingresos altos no aseguran la independencia financiera*.

Por otro lado, Pepe no tiene el sueldo de un consultor o de un banquero de inversión; en realidad, Pepe es el ejemplo de un trabajador normal en España: un sueldo medio, con la tasa de ahorro habitual, y, aun así, como hemos visto, podría *retirarse a los 45 años*. Se trata de buscar maneras de mejorar sus ingresos y alcanzar un estilo de vida maduro, suficiente, respetuoso con el planeta y a salvo del influjo del Sistema. No dudo de que hay muchas familias en España que luchan por salir adelante cada mes con muy escaso margen de maniobra; pero para el español medio, holgadamente sobre el umbral de la pobreza, la capacidad para ahorrar es posible y, si no se da, es

---

[62] Financial Independence Retire Early. Movimiento que persigue la jubilación temprana (retirarse pronto) a través de la independencia financiera. Este libro es un ejemplo de FIRE.

principalmente por una cuestión educacional, de hábitos y por la presión del Sistema. Es decir, la independencia financiera está al alcance de muchos —casi todos—; pero, como cualquier elección, implica una renuncia y empeño, determinación y constancia. Como dice Grant Sabatier, "ahorrar más del 50% de tus ingresos ahora te parecerá una locura, pero de hecho es posible para la mayoría si estás dispuesto a hacer del ahorro y la inversión una prioridad".

Dejemos a Pepe y hablemos de *lo tuyo*. Si eres un ahorrador medio, lo más probable es que tardes en llegar a TOP, hoy, más de cuarenta años y que pienses que no lograrás reducir esa inmensidad vía ahorro hasta diez o quince *jamás*. Sin embargo, habiendo tantas historias de éxito, tantos cientos de miles de personas que ya lo han conseguido, ¿por qué tú serás distinto? He leído y escuchado un porrón de testimonios de personas que puede que hayan partido de una posición peor que la tuya. Quizás creas que todos tus gastos son imprescindibles y que por tanto no podrás ahorrar; o que en tu vida no hay un solo segundo libre para buscar ingresos adicionales; puede que estés convencido de que nunca generarás una bolsa de dinero que trabaje por ti, por tu forma de ser, o tus compromisos familiares o las circunstancias de tu entorno, porque estás viendo *con los ojos del ahora*. Pero, ¿qué sucede si logras reducir tus gastos sin empeorar tu calidad de vida, o incluso mejorándola? Un ejemplo: dejar de pagar la suscripción a la televisión con canales que no usas y te cuesta 40 euros al mes, te dará 6.767 euros en 10 años[63]. Que el banco deje de clavarte 50 euros al mes en comisiones[64],

---

[63] 6.767 euros es el valor futuro de una serie de ahorros de 40 euros mensuales (480 euros anuales), durante 10 años, a un interés del 8% y unos impuestos del 23%.
[64] Sí, hay bancos que no cobran comisiones.

8.459 eurazos[65]. O, ¿qué sucede si dedicas la mitad de tu tiempo en Tik Tok, o Tinder, o Instagram a lograr ingresos adicionales? Pues eso, que los años necesarios para que cumplas tu objetivo bajarán. Grant Sabatier tardó 5 años. A mí me llevó ocho. Sea cual sea tu situación, torres más altas han caído, aplicando, ya sabes, una buena dosis de **determinación** y **constancia**.

## SOLO TE OFREZCO LA VERDAD, NADA MÁS

Recapitulando, cansado de tu vida, tomas la píldora roja. Acostumbrado a lo de siempre, esperas que te den la fórmula sencillorápidomágica para retirarte a los 40 —o cuando te dé la gana— *sin esfuerzo* y te encuentras con un "mójate el culo en los próximos años", que en tiempos de *reels* de diez segundos suena a ofensa, o a bofetada. Se te ha quedado cara de pasmo cuando te has enterado, *fact based*, de que como tu objetivo vale la pena de verdad, no será fácil de conseguir, ni inmediato. Y así, el Conejo te ha extirpado sin anestesia del País del Siempre Todo Ya para hundirte en el rincón más hondo, angosto y húmedo de su madriguera y allí, Morfeo Rafa Nadal te ha contado la verdad: olvídate de la fanfarria y arremángate, que esto va de currárselo y *ahorrar*. Cumplir tu objetivo te llevará *años*, **pero** cuando mires atrás, **tendrás tus 18** *grand slams*.

Ya te lo advertí: esto va a ser duro, pero si estás dispuesto a pringar —ojalá que sí—, sigue leyendo: es hora de **trazar un plan** para convertir ese número absurdo de años que te quedan para cumplir TOP en una cifra **razonable**.

---

[65] 8.459 euros es el valor futuro de una serie de ahorros de 50 euros mensuales (500 euros anuales), durante 10 años, a un interés del 8% y unos impuestos del 23%.

# IV
# AHORRA O NUNCA

> "Me encanta que los planes salgan bien",
> Aníbal Smith, de El Equipo A

> "Locura es hacer lo mismo una y otra vez esperando obtener resultados diferentes",
> atribuido a Einstein

## LA IMPORTANCIA DE TENER UN PLAN

En los 80, Aníbal, del Equipo A, tenía siempre un plan. En los 2000, Tom Cruise no se metía en ninguna misión imposible sin un plan. En los 20, *(spoiler!)* Tokio, Berlín, Río, Helsinki, Denver y Palermo se han forrado gracias al plan de El Profesor. Ahorita mismo, la Patrulla Canina planifica cada mañana sus tiernos rescates. Que luego se ponen a la faena y parte de lo previsto sale adelante y parte falla y encuentran alternativas para salirse con la suya en y ahí está el salseo de la acción, pero, en cualquier caso, el cine nos enseña que casi nada que merezca la pena puede fiarse a lo improvisado. Los planos de los arquitectos son la expresión gráfica de un plan. Las compañías diseñan planes estratégicos a uno, cinco y diez años. Cuatrocientos ochenta y seis mil millones de euros son gestionados cada año a través de los Presupuestos Generales del Estado[66]. Elon Musk

---

[66] Proyecto de ley de presupuestos generales del Estado 2023. Representación gráfica

tiene planeado llevar al hombre a Marte como Colón preparó cinco siglos antes su viaje loco a las Indias Orientales. El ser humano tiene la maravillosa capacidad de plantearse una meta y diseñar los pasos para alcanzarla y, por mucho que el Sistema quiera entumecer nuestra mente para sacarnos los cuartos, *sabemos* ejercitarla en nuestro beneficio. Tu objetivo pasión, sin un plan, será una mera ensoñación y, a la larga, un *tick* más en la lista de tus frustraciones. Un plan aterriza tu aspiración, confirma su viabilidad, te pone deberes y mueve a la acción al procrastinador que todos llevamos dentro. Da igual si después la realidad es muy tozuda y se empeña en ir por donde no habías planeado: así de liberadora es la senda de lo impredecible. Lo importante es que te marques un rumbo razonable, que luego ajustarás, perfilarás e incluso reformularás por completo, para, esta vez, ir por un nuevo camino igual de correcto. Planificar es preparar etapas y controlar lo controlable. Un plan es necesario porque orienta y evita esfuerzos inútiles. Por eso, si hasta ahora te has sentido perdido o desorientado, quizás sea porque te faltaba el norte de *tu* objetivo pasión y la guía de *tu* plan.

### VALE, PERO POR DÓNDE METO MANO A ESTO

Cierto, estábamos con que tu objetivo pasión parece inalcanzable. Pues mira, todo esto no es más que **aritmética**: hay que sumar, procurar no restar, que el dinero después se multiplique solo y, por supuesto, darle tiempo. *Easy*[67].

Puedo asegurarte que si no tienes una —muy poco común— enfermedad de tiroides, un rarísimo desajuste hormonal o una condición física limitante, engordas si ingieres

---

[67] Ya, la *formulación* es sencilla; lograrlo, no tanto.

más calorías de las que quemas y adelgazas al revés. Aritmética de formulación bien simple: para estar en forma, alimentación equilibrada y ejercicio regular, no más. La dieta del sirope de arce, la de la piña, la cetosis, la hipnosis, las fajas hipopresivas, los batidos sustitutivos, la acupuntura, la liposucción, la sauna, la dieta de Atkins, la Dukan, la de las mil calorías de la clínica Mayo, casi todas las de las revistas del corazón, las de Kardashian, el ayuno intermitente e, incluso, Ozempic, *no sirven para adelgazar*, porque se basan en reducir la ingesta calórica durante una breve eternidad —y de repente pierdes peso— para después volver a lo de siempre, o peor, con el efecto rebote, porque con el ansia acumulada comes como si no hubiera un mañana —y engordas—. Me contó una vez mi amiga **Lorena**: "He empezado una dieta de 21 días que es pura química y me cuesta una pasta". Éxito asegurado. Me dicen que yo no cojo peso gracias a mi metabolismo rápido o mi envidiable genética, pero lo cierto es que camino quince kilómetros a diario y piso el gimnasio cuatro veces por semana. Es decir, quemo con ejercicio más calorías de las que necesito y por eso me mantengo en forma. Aritmética, sin química ni pasta. Nada más.

Pues lo mismo con las finanzas personales. Aunque parezca increíble, asombroso o mágico, se ahorra cuando se ingresa más de lo que se gasta, o en su versión espejo: cuando se gasta menos de lo que se ingresa. Sorprendente, ¿verdad? Nos damos cuenta de ello cuando estamos con el agua al cuello: nos despiden, o ya no nos dan más crédito, o compramos una casa que no podemos permitirnos, y nos vemos entonces sin un duro en la cuenta corriente. Entonces, empujados por la necesidad *cortamos* a saco y dejamos de hacer prácticamente todo lo que nos gusta: fuera el cine, las copas, los restaurantes, se acabó comprar ropa, apagamos la calefacción o/y el aire, nos damos de baja en

Netflix, HBO y Disney+ y soportamos los bodrios de televisión en abierto los fin de semana, cancelamos viajes, spas, las clases de yoga y todas las extraescolares, y, efectivamente, reducimos nuestros gastos, pero nuestra vida de cartujo da asco y cuando el temporal pasa y el dinero vuelve, porque no hay mal que cien años dure, llega el efecto rebote: nos desquitamos con una orgía de gasto que nos endeuda y de nuevo a girar en la carrera de la rata. Efectivamente: es la dieta Dukan de las finanzas personales.

Hay otra forma, sosegada y plena, de hacer las cosas: diseñar una nueva vida, con una aproximación consciente y madura hacia el dinero, que haga una asignación justa de tu tiempo. Hablo, en concreto, de que tomes hoja y lápiz[68], y, como Aníbal, El Profesor, Tom Cruise o Ryder, traces *tu propio plan*, basado en esta simple premisa: ahorrar *más* e invertir *todo* lo ahorrado.

Pero, antes, una buena noticia: si ya cuentas con un patrimonio, lógicamente, te queda menos tiempo para retirarte.

### TU PATRIMONIO INVERSOR

Como consultor estratégico, realicé decenas de planes de negocio para grandes compañías. En todos ellos, mi trabajo comenzaba documentando la situación de partida de la empresa en su entorno competitivo, porque eso permite saber cuán lejos o cerca está *realmente* la empresa de sus objetivos. La planificación financiera personal también comienza por saber cuál es tu patrimonio. Para ello, debes listar lo que **tienes**, por un lado, y lo que **debes**, por otro. A lo primero lo llamamos **activos;** a lo segundo, **pasivos**. La diferencia entre ambos es tu

---

[68] O, idealmente, hojas de cálculo.

patrimonio neto, que puede ser positivo o —el universo no lo quiera— negativo.

Vamos primero con **lo que tienes**. Suma[69], primero, los activos que son capaces de *trabajar por ti*: dinero en efectivo, en cuentas corrientes y en depósitos; dinero que has prestado a otros y crees sinceramente que puedes recuperar; acciones, bonos, fondos de inversión, participaciones en fondos de capital riesgo y *stock options*; el valor de tus negocios, si eres empresario o autónomo; planes de pensiones individuales o colectivos, seguros colectivos y similares; propiedades inmobiliarias (pisos, garajes, chalets, fincas, terrenos, locales, etc.) *excluyendo tu vivienda habitual*; joyas, cuadros y otros objetos mobiliarios de valor. Todos estos activos pueden trabajar por ti porque generan o pueden generar **intereses, dividendos o rentas**, o pueden **revalorizarse** con el paso del tiempo. Sí, intuyes bien: son los que molan. De ahora en adelante, lo llamaremos **patrimonio inversor**.

Vamos ahora a por el resto de los activos. Son: tu vivienda habitual; coches, motos, patinetes eléctricos y cualquier otro elemento de movilidad, según su precio de compra; mobiliario, en un valor aproximado, sin volverse loco a calcular; ropa, calculando a ojo de buen cubero; televisores, móviles, ordenadores, *tablets* y cualquier otro elemento de tecnología, también en su valor de compra aproximado. Son activos que no nos generan ningún tipo de rendimiento. Los necesitamos, por supuesto, pero aquí te lanzo la primera pregunta: ¿qué proporción suponen sobre los activos que sí generan rendimientos? Para saberlo, divide ese resto de activos entre la

---

[69] Para realizar los cálculos cómodamente, usa la siguiente hoja de cálculo: Patrimonio Inversor

suma de todos los activos. En mi caso es 0,004. Cuanto más tienda a cero, antes podrás cumplir tu objetivo. Cuanto más tienda a uno, pues al contrario. Si ahora estás por encima de 0,75, no tienes una buena posición de partida, pero no entres en pánico, que todo tiene arreglo[70].

Vamos ahora con tus pasivos. Recopila la deuda viva de tus tarjetas de crédito, préstamos personales (al consumo, para reformas, del coche, etc.), líneas de crédito, hipotecas, préstamos de amigos o familiares y, en general, cualquier otra cantidad que **debas**. Una vez hecho, quizás sea la primera vez que veas, en conjunto, todas tus deudas. Ahora divide los activos entre los pasivos. Se considera que tu patrimonio está saneado si la división te da más de 1,1[71]. Estar endeudado no es necesariamente malo, si la deuda tiene el propósito de invertir, con un riesgo acotado. Pero si, por el contrario, el grueso de tus deudas ha servido para financiar meros gastos (el coche, las vacaciones, los pagos aplazados de tarjetas y demás), bueno, pues no es la situación ideal.

Ya puedes saber tu patrimonio actual y así tenemos unas primeras buenas noticias. Como es lógico, si tu patrimonio neto es positivo, estás más cerca de cumplir tu objetivo de lo que creías. Divide tu patrimonio *inversor* entre la cifra de tu objetivo pasión, y observa en esta tabla cómo han bajado los años que te quedan para retirarte:

---

[70] Puede que tu ratio esté por encima de 0,75 debido a que tu gran inversión es tu vivienda habitual. Este hecho es habitual. Sobre la conveniencia o no de tener en propiedad la vivienda habitual hablaremos en el capítulo siguiente, apartado "La trampa de la propiedad".

[71] "Manual del asesor financiero", Myriam García Olalla y Francisco Javier Martínez García.

| Capacidad de ahorro sobre los ingresos | Patrimonio inversor sobre la cifra de tu objetivo pasión | | | | | |
|---|---|---|---|---|---|---|
| | 0% | 10% | 25% | 50% | 75% | 100% |
| 1% | 83 | 81 | 78 | 72 | 60 | 0 |
| 5% | 56 | 54 | 51 | 45 | 35 | 0 |
| 10% | 44 | 43 | 40 | 34 | 24 | 0 |
| 15% | 37 | 36 | 33 | 27 | 19 | 0 |
| 20% | 32 | 31 | 28 | 23 | 15 | 0 |
| 25% | 28 | 27 | 24 | 19 | 12 | 0 |
| 30% | 25 | 23 | 21 | 17 | 10 | 0 |
| 40% | 19 | 18 | 16 | 12 | 7 | 0 |
| 50% | 15 | 14 | 12 | 9 | 5 | 0 |
| 70% | 8 | 7 | 6 | 5 | 2 | 0 |
| 80% | 5 | 5 | 4 | 3 | 1 | 0 |
| 90% | 2 | 2 | 2 | 1 | 1 | 0 |
| 100% | 0 | 0 | 0 | 0 | 0 | 0 |

## LO QUE NO SON CUENTAS, SON CUENTOS[72]

Es probable que a estas alturas estés resoplando por lo que te hago trabajar recopilando datos, así que toca hablar algo acerca

---

[72] Frase legendaria de Emilio Botín, fallecido CEO del Santander, que internacionalizó el banco y le dio proyección mundial.

de la importancia de llevar bien las cuentas. Retomemos mi historia: después de decidir que necesitaba dejar de trabajar, y de contratar al *coach* para tener soporte emocional, diseñé mi plan para retirarme. Llevaba mi contabilidad personal desde los 23 años. En ella había registrado mis gastos, mis ingresos y la situación de mi patrimonio bajo un enfoque de contabilidad de empresa adaptado a mis finanzas personales. Al principio, había sido trabajoso ya que debía anotar todos mis gastos en efectivo, pero cuando empecé a pagar exclusivamente con tarjeta pude descargarme los movimientos en ficheros y mi contabilidad pasó a llevarme un par de horas al mes. Pues bien, con ese histórico contable proyecté mis ingresos y gastos futuros hasta los 99 años y pronostiqué que en una década podría dedicarme a escribir a tiempo completo. Casi acerté: tardé ocho años.

Peter Druker, gurú del marketing y la estrategia de negocio apunta que *lo que no se controla no se mejora* y es verdad: probablemente no conseguirás retirarte para cumplir tu objetivo pasión si no llevas a partir de ahora una contabilidad personal. No tiene que ser sofisticada ni técnicamente perfecta ni un prodigio de la inteligencia artificial. Basta con que sepas *a tu manera* con una periodicidad mensual cuál es tu patrimonio y cuáles son tus ingresos y gastos. Yo te recomiendo que eches mano de la tecnología, y uses hojas de cálculo y vuelques los estados de cuenta de los bancos, porque lleva su tiempo aprender, pero después todo queda automatizado, pero es solo una recomendación: tú sabrás bien cómo manejarte.

John Allen Paulos identificó en 1988[73] el **anumerismo**, que es la incapacidad para manejar cómodamente los conceptos fundamentales de número y azar. Demostró que esta carencia

---

[73] "Innumeracy: Mathematical Illiteracy and Its Consequences", 1988

nos hace más *manipulables*. Vamos con un ejemplo: ¿Qué te parece este anuncio?

¿Antes valía 450€ y ahora me lo dejas en 585€? Como diría Ylenia: "En tu vida, ¿vale?". Veamos ahora otro anuncio:

Se puede pensar: el televisor cuesta 450 euros y me lo venden en cómodos plazos de 16,24€. Parece razonable.

Bueno, el contenido de ambos anuncios *es el mismo*: pagando 16,24€ al mes durante 36 meses (letra pequeña), a un casi usurero interés del 19% (letra pequeña), pagarás por el televisor 585€ (precio final que no aparece en ningún lado). El Sistema engaña así: oculta información, empequeñece la realidad de que pagarás una infamia en intereses y te hace asequible el sablazo. La **inteligencia financiera** —némesis del anumerismo— es esencial para evitar este timo y darte cuenta de que, si no tienes ahora 450 euros, quizás sea más conveniente esperar hasta que lo tengas, y que no te engañen.

Tu propia contabilidad personal, a tu manera, propia pero disciplinada, es imprescindible para que puedas trazar y después monitorizar tu plan, así que sacúdete la pereza, pierde el miedo al número, y no veas la recopilación de información como un coñazo, sino como el arma más preciada para luchar contra la gran aliada del Sistema: la *ignorancia*.

Llegados a este momento, si te ves con fuerzas, cúrrate también el análisis de tus ingresos y tus gastos con más detalle que antes. Recopílalos a través de los extractos de las cuentas corrientes y las tarjetas de crédito y, si todavía pagas en efectivo, anótalos durante una temporada. Si no te ves con fuerzas todavía, da igual, los números del Gran Capitán que hiciste en el capítulo anterior también valen.

Conocido tu patrimonio actual y aclarada la importancia de llevar unos números fiables, es hora de centrarnos en lo de *ahorrar más*.

## ES EL AHORRO, ESTÚPIDO

"Es la economía, estúpido" fue el eslogan con que Bill Clinton ganó a George Bush en la campaña electoral de 1992. Con ella aludía a la necesidad de centrarse en lo importante para los ciudadanos: sus necesidades.

El Sistema desvía tu atención de *tus* intereses para que te centres en gastar y, como ya sabes, que con tu espiral de ganar — gastar engordes los bolsillos de los que venden. Hagamos, pues, como Clinton, y digamos "es el ahorro, estúpido" para centrarnos en lo importante para tu objetivo pasión: que tu patrimonio crezca a través del ahorro y que trabaje por ti.

Que hay que ahorrar para retirarse es, quizás, un obvio consenso en el mundillo de la independencia financiera. Robert Kiyosaki apunta que "la mayoría de las personas no se dan cuenta de que lo importante en la vida no es cuánto dinero ganas, sino cuánto **conservas**. Todos hemos escuchado historias de personas que ganan la lotería, se vuelven ricos de repente y luego vuelven a ser pobres"[74]. Grant Sabatier dice: "Se ha escrito mucho sobre cómo hacer dinero, pero los ricos lo son por una simple razón: se aprovechan de cualquier forma de hacer dinero *y ahorrarlo*. Llamo a esto espíritu empresarial, porque se parece mucho a cómo una empresa hace, ahorra e invierte el dinero. Los ricos no malgastan ni el tiempo ni el dinero"[75]. No puedo estar más de acuerdo con Grant. Carlos Slim, magnate mexicano de las telecomunicaciones, que fue el hombre más rico del mundo en 2011, acostumbra a repasar personalmente las facturas de sus estancias en hoteles, y en algún caso ha reprendido a su hijo por

---

[74] "Padre rico, padre Pobre", 2005
[75] "Financial freedom", 2019

un gasto excesivo en wifi. Cuentan en la mariña gallega que cuando las fiestas de O Barqueiro de hace unos años se acercaban y el pueblo necesitaba recaudar fondos para organizarlas, se encararon con el indiano del pueblo, diciéndole: "Pero ¿cómo es que tú no pones nada, si tu hijo ha aportado diez mil euros?". Él contestó: "Mi hijo tiene un padre rico; yo no".

El truco reside, pues, *en ahorrar como los ricos.*

En "Un viaje de diez metros", un humilde pero excelente cocinero indio, Hassan, se ve obligado a emigrar a Francia. Allí, busca un local para comenzar una nueva vida y se cruza con la prestigiosa chef Mallory, que a su vez tiene el encargo de un amigo de vender un caserón abandonado justo en frente de su restaurante. La chef, bastante esnob ella, hace de menos al cocinero indio, en un diálogo que pronto se le vuelve en contra:

> HASSAN: Me gustaría comprar el caserón, ¿cuánto piden con él?
> MALLORY (altiva): Caballero, debe comprender que una propiedad de este tamaño en este pueblo puede ser muy cara y, bueno, he oído que usted ha pedido algún tipo de descuento en el hotel de Claire.
> HASSAN: Señora, que pida un descuento en el hotel no significa que no tenga dinero, sino que soy *ahorrador*. Quiero hacer una oferta por esta propiedad.

Y la compra a tocateja. Hassan ahorra como los ricos y por eso, junto con su talento y su trabajo duro, (*spoiler!*) alcanza *su objetivo pasión*: ser un cocinero de prestigio.

La bondad del ahorro es obvia. Como dice Vicki Robin, "ahorrar dinero te libera de futuras emergencias, de estar endeudado y de trabajar de nueve a cinco hasta los sesenta y cinco años"[76]. La madre de mi amigo **Miqui** fue diagnosticada de ELA al entrar en los sesenta y gracias al patrimonio familiar pudo tener una existencia digna, porque pusieron a su alcance toda la comodidad que la técnica comprada con dinero pudo proporcionarle hasta que se apagó. Así de obvio es que ahorrar es necesario y saludable, pero, como recordarás, el Sistema nos ha inculcado lo contrario y nos empuja con una fortaleza increíble a ser unos niños derrochadores e insaciables.

## HAZ CASO A EINSTEIN

Pero no solo el Sistema te frenará. Todos tenemos un ludita[77] interior que luchará para mantener el statu quo de gasto sin medida, porque *nos cuesta cambiar*. La resistencia al cambio es tan potente que las consultoras tienen prácticas con miles de profesionales dedicados, precisamente, a ayudar a las organizaciones a cambiar: forman, acompañan en la transición y disipan miedos e incertidumbres. Tendemos a permanecer quietos por temor a lo desconocido, pero ya lo dijo ese señor bajito de pelo alborotado: estás loco si, haciendo siempre lo

---

[76] "La bolsa o la vida", 2019

[77] El ludismo fue un movimiento encabezado por artesanos ingleses en el siglo XIX, que protestaron entre los años 1811 y 1816 contra las nuevas máquinas que amortizaban los puestos de trabajo. Hoy en día, el término "ludita" describe a aquellos opuestos a, o que tardan en adoptar o incorporar en su estilo de vida, la industrialización, automatización, computarización o las nuevas tecnologías en general. (fuente: wikipedia) Puede verse también como aquel que se opone a cambiar por el miedo a empeorar.

mismo, esperas obtener resultados diferentes. En este siglo de *blockchain*, ordenadores cuánticos, metaverso, robotización, CRISPR, biotecnología, IoT, NFTs, *generative IA* y otros cuquis tecnopalabros, el que no esté abierto a evolucionar está *jodido*. La humanidad duplica sus conocimientos cada ocho años, así que, si no aprendes, desaprendes y reaprendes constantemente te quedas **fuera**. El nuevo analfabeto es el que no sabe cambiar y al Sistema ya le gusta este nuevo tipo de analfabetos, porque son manipulables.

Lo chungo es que, si le echas un par y cambias para ser un *ahorrador en serie*, te convertirás en un incomprendido o en un bicho raro, porque salir de la rueda del consumismo te convierte casi en un paria. Lo sé por experiencia: no se entiende que no aspire a tener un coche, o que me pongan nervioso los armarios llenos de zapatos, la moda o el desperdicio alimentario en los restaurantes; la gente flipa al ver que yo tengo casas en alquiler pero que al tiempo yo viva *alquilado*; que tenga todo el tiempo del mundo, en lugar de *"ir siempre sin tiempo para nada"*; que vaya caminando a todas partes; o que me atraiga lo sencillo en lugar de lo *cool* o lo sofisticado; no se comprende, en fin, mi actitud y mi aproximación al dinero, así que he aprendido que no tengo por qué ser comprendido, porque he elegido salir del criterio dominante y, por tanto, es lógico que la mayoría que permanece en él no entienda o que, incluso, me descalifique. Más aún: lo preocupante sería lo contrario. Para Kiyosaki, "muchos problemas financieros importantes son causados por seguir a la multitud y tratar de mantener el paso de los demás (...) Yo diría que una de las cosas más difíciles acerca de la creación de riqueza es ser fiel a uno mismo y estar dispuesto a no seguir a la multitud". Luis Pita preconiza: "Ten peor coche que tu vecino". Tim Ferris titula un capítulo de su genial *La semana laboral de 4 horas* así: "Reglas que cambian las reglas: lo comúnmente aceptado como cierto es falso", que es a su vez una frase de Óscar Wilde.

Toca, pues, cambiar para ahorrar y, volviendo a lo tuyo, ahorrar *más*, para que puedas reducir los años que quedan para poder cumplir tu objetivo pasión. Y que no te engañen: ahorrar no es vivir peor, sino *todo lo contrario*. Ya lo verás.

Se ahorra más, básicamente, accionando las tres palancas del cambio: **Incrementar tu sueldo, buscar ingresos alternativos a tu nómina o gastar menos**. No es descabellado pensar que entre los tres puedas ahorrar el 50% de lo que ganas. En mi experiencia ayudando a otros a recortar sus gastos, he podido ver que aproximadamente entre un 20% y un 30% de lo que gastamos no nos reporta ninguna satisfacción, y no lo sabemos. Cuando afloramos con un ejercicio consciente qué gastamos en qué y cuándo, nos damos cuenta de que, gastando menos, pero mejor, no solo no estamos menos satisfechos, cómodos o entretenidos, sino mucho más. Veremos en el siguiente capítulo cómo hacer de esta reducción de gastos / incremento de la satisfacción una realidad.

En el lado de los ingresos, reorientar tu carrera, poner en valor tus méritos y aprovechar tu potencial laboral puede hacerte mejorar tu sueldo entre un 10% y un 30%. En el capítulo 6 te quedará muy claro. Y en el 7, podrás comprobar que, con cierta picardía, empuje y conocimiento de ti mismo, puedes conseguir ingresos alternativos de tus conocimientos y tus Hobbies, que pueden suponer perfectamente entre un 10% y un 30% de tus ingresos mensuales totales.

### ¿Y TENGO QUE DARLE A TODO?

No. Solo aquello en lo que te veas mejor capacitado. ¿Brujuleas como nadie en los despachos, pero ya has tocado hueso en todos los gastos? Pues cúrrate una promoción o un cambio de puesto o de compañía. ¿Te buscas bien la vida haciendo ñapas, pero no ves manera de medrar en el trabajo? Pues céntrate en las fuentes de ingresos alternativos. ¿Eres una hormiguita, pero se te revuelven las carnes cuando piensas en pedir un aumento? Pues ya sabes: ataca el lado del gasto.

Yo me centré en ganar lo más posible como consultor (bonuses, compra de acciones con descuento, participación en planes de pensión y de ahorro privado, etc) y en contener mis gastos; y no toqué la pata de los ingresos alternativos porque no se me daba especialmente bien. Vicki Robin centra su método en los gastos. Tim Ferris, sin embargo, ve —equivocadamente— en la frugalidad una fuente de infelicidad y aboga por fortalecer los ingresos. Grant Sabatier apunta: "Maximicé el valor de mi tiempo con una combinación de finanzas personales, emprendimiento e inversión"[78]. Como recordarás, mi amiga Berta montó su empresa de externalización de procesos farmacéuticos para después venderla. Mi amigo **Norman**, que es el puto amo de la programación en Python, ha desarrollado un robot de inversión automática mientras trabaja en una multinacional energética. No hay una única vía. Como siempre, lo correcto es un *mix* balanceado y adecuado a tu personalidad y tus habilidades. Nadie mejor que tú te conoce, así que debes sentarte contigo mismo y decidir en qué palanca o palancas vas

---

[78] "Financial freedom", 2019

a centrarte. Y si al final es un poco de todo, pues también fenomenal.

Es perfectamente posible incrementar tus ingresos actuales entre un 15% y un 30%. Y es perfectamente posible bajar entre un 10% y un 30% tus gastos. Créeme: puedes llegar a una velocidad de crucero de ahorro del 50% si estás dispuesto a cambiar y trazas un plan. Y, a partir de ahí, aun partiendo de cero, *solo necesitarás 15 años para retirarte*. Sin penurias, sin esfuerzos desmoralizadores, sin sufrimientos titánicos. Tan solo cambiando de mentalidad, trazando el plan adecuado y ejecutándolo con determinación y constancia.

## EMPEZAR CUANTO ANTES

Eso sí: empieza cuanto antes. He leído varias veces el siguiente ejemplo: si tu padre hubiera invertido 200 euros al mes para ti desde que naciste, al llegar a los 40 podría haberte regalado 1 millón. Ya llegamos tarde para eso, por supuesto, pero es lógico pensar que cuanto antes empieces, antes conseguirás tu objetivo. Mi pareja ahorró **todo** lo que ganó de estudiante dando clases de piano y elaborando informes de distinta índole porque, al vivir todavía con sus padres, su capacidad de ahorro era total. Con ese espíritu ahorrador consiguió a los treinta años reunir para la entrada de un piso, que tendrá completamente pagado a los 37.

Pero da igual en qué estadio de tu vida empieces: nunca es tarde. Si eres joven, partirás con poco patrimonio inversor. Es natural pero tu punto de partida jugará con la ventaja del tiempo: podrás trazar tu plan con la serenidad del comienzo y, además, contarás con la fuerza y la ilusión suficientes para medrar en tu trabajo, encontrar otro mejor, o buscar ingresos alternativos monetizando tus aficiones o tu conocimiento; no tendrás cargas familiares que comprometan tu disponibilidad para trabajar más horas o que aumenten tus gastos; y serás, además, mucho más consciente de la necesidad de cuidar el planeta porque te queda toda una vida en él, así que reducir y reutilizar te costará mucho menos que a la generación de tus padres. Por otro lado, si ya eres más talludit@, probablemente tendrás más patrimonio inversor y contarás con menos tiempo, pero con más capital ahorrado; quizás te cueste más cambiar tu mentalidad, pero por fortuna contarás con un sistema de pensiones públicas en las que apoyarte, así que, en realidad, tu independencia financiera llegará por el mix de lo que seas capaz de ahorrar más lo que el estado muy probablemente todavía será capaz de proporcionarte. Siempre que pienses "si hubiera empezado veinte años antes" podrás empezar ya para que dentro de veinte no tengas que decir "si hubiera empezado cuarenta años atrás".

Y si tienes un patrimonio negativo y no ahorras, tienes que empezar ya, porque —permíteme la franqueza— tienes un problema serio que, por fortuna, tiene solución.

Sea cual sea tu situación, si quieres cambiarla, empieza ya.

AL LÍO

Recapitulando, ya tienes claro tu objetivo pasión y es tan especialmente motivador y pleno que te impedirá, felizmente, trabajar por dinero en el futuro, así que debes reunir suficiente pasta para poder retirarte. Con tu patrimonio inversor actual y tu patrón de ahorro la cosa está chunga, pero sabes que encontrando maneras de incrementar tus ingresos y reducir tus gastos de una forma razonable, los años que tardarás en retirarte serán los adecuados. Estás dispuesto a currártelo y ahora solo necesitas saber qué es lo que tienes que hacer, lo cual, como no podía ser de otra forma, te viene explicado en los próximos tres capítulos.

Ándale, que tenemos que empezar cuanto antes.

# V
# MORE IS LESS

> "Less is more."
> Mies van der Rohe, arquitecto precursor del minimalismo

> "Me preguntó un periodista: ¿Qué es la moda?
> ¡Lo que pasa de moda!"
> Salvador Dalí, autobiografía

> "A menudo, una gran colección de posesiones
> termina poseyendo a su dueño.
> El activo que más valoro, aparte de la salud,
> son los amigos interesantes, diversos y leales",
> Warren Buffet

## LA CREACIÓN DE LAS NECESIDADES

Más allá del cobijo, la comida y el agua, no tenemos ninguna *necesidad* material ulterior. Cubierto lo esencial, todo lo demás es accesorio. Por supuesto, necesitamos la relación con los demás, el cariño de los nuestros o respuestas más o menos convincentes sobre el más allá, pero en lo referente a lo material, *necesitamos* muy poco. Nuestros antepasados preindustriales, de hecho, cuando tenían cubiertas estas necesidades, *descansaban* con los suyos, sin más. Solo es a partir de la revolución industrial cuando este patrón cambia: las fábricas necesitan operarios para producir y consumidores a los que vender y entonces la esclavitud moderna toma forma, a través del trabajo y el deseo. Desde entonces, *necesitamos*. A mediados del siglo pasado, nuestras abuelas comenzaron a necesitar la lavadora; años después, *necesitaron* que el aparato, además de lavar, centrifugara. En los años 90, empezamos a *necesitar* los programas de lavado. Ya recientemente, *necesitamos* lavadoras con auto dosificación y pronto *necesitaremos* lavadoras conectadas, con programas de lavado aromaterápico adaptados al estado de ánimo que capten nuestros *wearables*. Cada avance tecnológico se convierte en una necesidad cuando ya no podemos renunciar a él y, lo que antes nos parecía el colmo del progreso, pronto nos enoja si falla o si un nuevo avance se presenta ante nuestros ojos y, por cualquier razón, no podemos comprarlo. Lejos de sentirnos satisfechos por vivir mucho mejor que nuestros antepasados, nos amargamos al confundir deseo con necesidad. Nos han acostumbrado a pedir cada vez más: Apple lanza un iPhone *nuevo* cada año; las temporadas en Fornite apenas duran tres o cuatro meses; los coches empezaron con 43 piezas y ahora de 60.000 no bajan[79]; y la moda, ay, la moda, "esa forma de fealdad tan intolerable que nos vemos obligada a cambiarla cada seis meses"[80], o cada quince días, gracias a la *fast fashion*. Cambiamos colores, estampados, caídas, patrones y ajustes de la ropa, pero también de la música, las series, los *reels*, los deportes y los deportistas y los sabores, los géneros y los encuentros sexuales. Nada nos sacia así que el juego no acaba jamás. Y, mientras, ¿quién hace caja? Ya lo sabes.

Este absurdo se detiene cuando uno aprende a *conformarse,* pero ahí está el Sistema para evitarlo. Hablemos, por ejemplo, del *cross selling* y del *up selling*. Te lo explica Ronald MacDonald: *up selling* es que tú entres en el restaurante pensando en un menú BigMac y que te pregunten con una amabilidad mullida y aterciopelada: "¿Desea usted que su menú sea

---

[79] www.carglass.es/blog/omglass/cuantas-piezas-tiene-coche/
[80] Oscar Wilde.

gigante?"[81]. Eso es *upselling*: Más. *Cross selling*, que se te sugiera otro producto: "¿Desea usted McNuggets por 2€?", y después te rematen con una sonrisa subyugadora: "Puede usted completar su menú con un McFlurry por solo 2€". Así que, si tienes un problema de asertividad o te da igual ocho que ochenta, puede que entres tres veces por el aro. La afabilidad de la vendedora, su educación exquisita y esa cercanía amistosa que da tan buen rollo enmascaran una agresividad comercial muy medida y ejecutada con perseverancia[82], que puede perfectamente incrementar la facturación de la compañía entre un 10% y un 20%[83] tan solo *creando necesidades*. Ante semejante tropelía, bastan tres noes con la misma sonrisa, la misma amabilidad y la creencia firme y decidida de que frente a la *necesidad* de un menú Bigmac Gigante con McNuggets y un Mcflurry, *lo que querías al principio*[84] *ya es suficiente.*

---

[81] Que en Estados Unidos es 300 gramos de patatas fritas y 1 litro de bebidas gaseosas azucaradas. Alucinante.

[82] Son dos técnicas que están tan extendidas que hace unos años en un Burger King dije: "Quiero un menú Whopper con Coca Cola Light y ensalada y no quiero nada más". La camarera a continuación me preguntó, fiel a su guion: "¿Lo desea grande?". Respondí, sonriendo: "No, gracias, y no quiero nada más". La pobre debía de haber repetido el itinerario unas cien veces aquel día, porque me preguntó a continuación: "¿Desea aros de cebolla? "No, amiga", respondí y, acercándome a ella, insistí, "y no quiero que me ofrezcas nada más". Ella entonces asintió, introdujo el pedido en el terminal y cinco segundos después, me preguntó: "¿Deseará postre?", e inmediatamente corrigió: "Ah, no, no, es verdad". La maquinaria del Sistema pasa por encima de consumidores, trabajadores y cualquier incauto que ose ponérsele delante.

[83] Impresión absolutamente personal, que no se basa en ningún informe ni análisis de campo.

[84] Un menú Big Mac, de vez en cuando, ¿por qué no? Bien rico que está. No es el qué, sino el cada cuánto, o con qué intensidad, pero, sobre todo, que sea una elección equilibrada y responsable.

## EL ENGAÑO DE LAS MARCAS

Como su propio nombre indica, las marcas nacieron como identificador de los atributos deseados de un producto. Mi abuela compraba en La Rosa de Oro porque sabía que encontraría las mejores telas, el proceso de confección más cuidadoso y una atención personalizada. A través de las marcas, nuestros bisabuelos a principios del siglo pasado simplificaron la búsqueda de la calidad. Dejaron de tener que probar antes de cada compra, no tenían que buscar más por todo el mercado, y *confiaban* en que detrás de un determinada marca encontrarían calidad a un precio razonable.

Todo eso se jodió con la llegada del marketing y la prostitución del *brand concept* con atributos *emocionales*. En un determinado momento dejamos de fijarnos en la bondad física del producto y empezamos a comprar *emociones*. Pasamos de adquirir un refresco carbonatado a comprar felicidad en los noventa y, ahora, *real magic*; dejamos de comprar zapatillas, para adquirir estatus y empoderamiento ("Just do it"); y no compramos ya más café, sino sofisticación, refinamiento y una cuidadísima naturalidad ("What else?"). No es baladí: añadiendo este *je ne sais quoi* aspiracional, pasamos de consumir algo a *desearlo* y, por tanto, pagamos por ello lo que fuera necesario. Hoy, el precio de un producto ya no se fija en función de lo que ha costado fabricarlo, sino por cuánto estamos *dispuestos* a pagar. Y toda vez que lo que nos importa ya es ser guays, o *cool* o sofisticados, la calidad del producto queda relegada. Resultado: compramos productos normalitos a precios desorbitados. Para que luego nos digan eso de que "yo no soy tonto".

## LA FUERZA DE LA ADICCIÓN

Y, por supuesto, el Sistema nos recuerda constantemente que *necesitamos* consumir (publicidad, publicidad, publicidad) y nos pone todo a nuestro alcance, para que no perdamos ni una sola ocasión de consumo en el pozo aciago de la indisponibilidad.

Nos cuesta renunciar a nuestros hábitos, sobre todo los que nos perjudican. Las compras compulsivas, como el azúcar, el tabaco o los *likes*, nos proporcionan una satisfacción inmediata a costa de una vuelta ulterior y empeorada a nuestra insatisfacción vital. La emocionalidad del proceso de compra libera química orgánica que nos llena momentáneamente, pero el subidón baja pronto y nos deja con ganas de más. El mono, vamos, la añoranza de un espejismo más y más demandante: más bolsos, más cruasanes, más humo, más *likes*. Por eso consumimos cada vez más tiempo y dinero para su obtención y pagamos cada vez un precio más caro: más deudas, más colesterol, quizás un infarto, un ictus o un cáncer.

Negro panorama, pero afortunadamente podemos quedar fuera del juego de creación de las necesidades, del mal uso de las marcas e, incluso de nuestros malos hábitos. Tan solo tenemos que renunciar a ser *homo shoppers* y convertirnos en *smart consumers*.

## WELCOME BACK, GRANDMA

La crisis del 2011 nos pilló en bragas. Confiamos en un crecimiento eterno que, por supuesto, se truncó. Como los ingresos de millones de familias mermaron, la necesidad —no hay mal que por bien no venga—, nos obligó a dejarnos de tonterías, probamos por fin las marcas blancas[85] y resultó que no estaban tan mal. Al tiempo, Mercadona creció vertiginosamente con una estrategia *precios bajos siempre* con un surtido limitado y el desarrollo de los atributos de calidad, innovación y conveniencia de Hacendado y de la noche a la mañana, como consumidores, nos liberamos de lo emocional y volvimos, por fin, a productos de calidad a precios razonables. Lógico: si la marca no gasta fortunas en convencernos de que comprándola seremos Clooney o Arguiñano, los precios naturalmente bajan. Y, si en las catas ciegas resulta que el producto está tan endemoniadamente bien elaborado que vence por sus características organolépticas (es decir, su sabor, su textura o su color), pues lógicamente se convierten en los productos más vendidos de los lineales y es entonces cuando efectivamente podemos decir lo de *yo no soy tonto*.

La necesidad vuelve al consumidor inteligente, crítico, analítico y maduro. Lo que siempre había sido, vamos. Nuestros abuelos miraban por el dinero. La abuela, sobre todo, se conocía de memoria los precios en los mercados. La mía, en concreto, registraba cada gasto en una agenda. Echa un vistazo, por ejemplo, a la de 1967:

---

[85] Técnicamente, se llaman marca del distribuidor. Marca blanca es la que no tiene ninguna marca. Hacendado, por ejemplo, no es una marca blanca, sino una marca del distribuidor. Aunque para no liarnos, prefiero usar el término comúnmente aceptado.

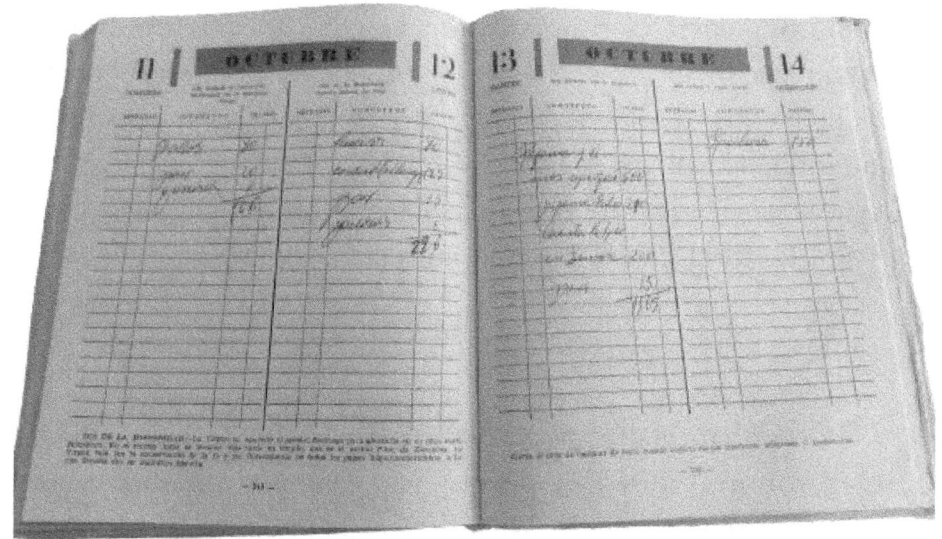

Las abuelas comparaban precios en tres o cuatro locales y acaparaban en las ofertas. Con la compra hecha, estiraban hasta el infinito lo comprado: hacían croquetas con las sobras, zurcían, reparaban los muebles y los útiles. Medio siglo antes de que Greta Thumberg habitara la tierra, ellas reducían y reutilizaban y, si hubieran podido, también habrían reciclado. Todos sus gastos eran conscientes, maduros y poco emocionales, porque el dinero escaseaba, los tiempos eran difíciles y sus recursos, limitados. A sus hijos y sus nietos se nos ha hecho creer que somos invencibles e infinitos, que no tenemos limitaciones y que tenemos derecho a todo y ya. Pero ya sabemos que no es así y que debemos recuperar el timón de nuestras decisiones y *volver a mirar por el dinero*. Las nuevas generaciones lo tienen claro: mi hijo de once años me pidió el otro día que le cosiera su calcetín. No quería unos calcetines nuevos, sino *esos* calcetines, remendados. Mi hijo piensa como mi abuela, sin haber llegado nunca a conocerse. Los más jóvenes en conexión con sus antepasados, y en medio, dos generaciones perdidas, caprichosas e irresponsables, que tienen la oportunidad de encauzarse con la consciencia de que debemos, por nosotros mismos, por los demás y por el planeta, volver a ese estadio en el que cada céntimo se miraba y el ahorro era deseable.

Éste es el camino, pues, para gastar menos: *volver a ser* un consumidor inteligente, como antaño.

## DISFRUTAR DE LO SUFICIENTE

Disneyland París abrió sus puertas en 1992 y los primeros años fueron muy difíciles, porque sus gestores cometieron dos grandes errores de cálculo: el primero, el clima de París (¿quién quiere ir a un parque temático cuando llueve o hace frío?) y el segundo, el gasto medio del visitante. Se esperaba que el consumidor europeo se comportara como el americano, que compra su entrada y una vez dentro del parque gasta continuamente: comidas, bebidas, *merchandising* y demás. Pero resulta que el consumidor europeo es más frugal y, después de haber comprado su entrada, apenas gastaba. Ello llevó a que las estimaciones iniciales de ingresos del parque hicieran aguas. Va en gustos, pero para disfrutar del Disneyland, ¿es necesario comer, beber y comprar cacharros como si no hubiera un mañana? Para el consumidor americano sí; para el europeo, no tanto.

*Disfrutar de lo suficiente* es la tesis de Vicki Robin, gran gurú de las finanzas personales. Ella habla de la curva de la satisfacción, que muestra la relación entre la satisfacción y la cantidad de dinero que gastamos. Esa curva es creciente hasta un determinado punto en que no por gastar más, nos sentimos más satisfechos. Seguro que sabes de qué hablo: Ya ves a Mickey, ya te montas en la Space Mountain, ya vas tan chutado de adrenalina que probablemente ese perrito caliente *meh* a siete euros no te hará más feliz y hasta es posible que te siente mal. Así, Vicki habla del "suficiente" como la cota superior de la curva de satisfacción. Dice:

"En el punto culminante de la curva de la satisfacción tenemos lo que es suficiente. Suficientes necesidades para sobrevivir, suficientes cosas para estar cómodos y satisfechos e incluso los lujos que necesitamos. Tenemos todo lo que necesitamos, no hay nada extra que nos agobie, distraiga o aflija, nada que hayamos comprado a crédito, nunca hayamos usado y trabajemos como esclavos para pagar. Lo suficiente es un punto valiente, honesto y atento. Es un punto en el que apreciamos y disfrutamos por completo de lo que el dinero aporta a nuestras vidas y donde, sin embargo, nunca compramos nada que no necesitemos o queramos".

He aquí la maestría del consumidor inteligente: es capaz de trazar la frontera entre lo *suficiente* y lo *innecesario*. Llega un momento en que más es menos, en que intuyes que no necesitas tantos cachivaches, ni tanta ropa, ni tantos restaurantes. El placer encuentra un límite en su expansión porque el disfrute perpetuo es una quimera. Gastar más, a partir de un determinado punto, no te hace más dichoso, sino todo lo contrario. ¿Te hizo la PlayStation mucho más feliz *de verdad* que las canicas, la peonza o las chapas? ¿Te hace feliz la séptima cerveza? ¿Y esa ropa de Shein que no has estrenado?

Lo suficiente es, además, un punto de vista único y subjetivo. Solo tú sabes lo que es suficiente para ti y tu suficiente es distinto al mío, al de tus padres, al de tus amigos, Ronaldo, Manu Ríos o tu profesor de yoga. Tu suficiente debe ser establecido por ti, sin comparación con los demás. En mi trabajo gustaban de decir que no se era socio *de verdad* hasta que no se tenía un Cayenne, un yate y casa en la Cerdenya. Clásica espiral del gano—gasto. Bueno, de haber seguido los dictados de los demás, con semejantes gastos fijos no habría podido retirarme nunca. Por fortuna, nunca necesité un Cayenne o un yate o una segunda residencia, y por eso, aunque mis ingresos iban creciendo, mis gastos se mantuvieron porque ya me valía con lo que tenía. Eso me permitió ahorrar un 60% de mis ingresos y retirarme.

## FRUGALIDAD EN TIEMPOS DEL POSTUREO

Mi amigo inversor **Óscar**, felizmente retirado en sus 60, lleva una vida activa propia de un veinteañero. Desde que lo conozco ha aprendido a navegar en la Nao Victoria como un marino más, durante seis meses; se ha certificado como asesor financiero por la CNMV; ha trasladado su residencia fiscal a Portugal; ha invertido en una modesta empresa de apicultura; enseña cultura financiera a su nieto; y, en los últimos tiempos, ultima la compra de terrenos en el norte de España para ayudar a agricultores que pasan por dificultades. Pero lo más pintoresco de este hombre renacentista es que *disfruta* haciendo viajes en bicicleta de varios cientos de kilómetros con un presupuesto de 2 euros diarios. No, no es un error: dos euros diarios —y dice que le sobra—. Duerme al raso en las noches de verano, entabla relaciones cortas pero intensas con los paisanos, cuando se cansa, para, y cuando ha descansado, continúa, enciende el móvil de vez en cuando para compartir sus inquietudes con los amigos y familiares y, cuando ha cumplido su objetivo, retorna en tren a casa. Óscar es feliz con todo, y no necesita nada.

Mi amigo millonario **Paul** no trabaja porque ya trabaja por él el patrimonio familiar. Viaja mucho y a lo grande: vuelos en primera y hoteles gran lujo, allá donde va. Una vida envidiable. En uno de sus viajes con su familia al completo, mientras cenaba en un tres estrellas Michelin, recibió, sin embargo, un duro mazazo: el camarero sirvió en último lugar a su madre, y para colmo de males, lo hizo por la izquierda. Ese atropello al protocolo —mortal de necesidad— le arruinó la cena, me contó, y casi le amarga el viaje. Los tres estrellas Michelin son así: un pozo de desgracias.

Vale: ni tanto ni tan calvo. Todos sabemos qué necesitamos de verdad, y de qué podemos prescindir. Dice Tim Ferris: "No es mi intención convertirte en un escriba carente de posesiones, pero enfrentémonos a la verdad: hay montones de cosas en tu casa y en tu vida que no utilizas, no necesitas y ni siquiera deseas demasiado". Y yo añado: hay montones de cosas que lejos de producir disfrute, te amargan. Así que antes de comprar algo, piensa: ¿lo necesito, de verdad? No es cuestión de ser tacaño, ni de dejar de disfrutar, sino precisamente, lo contrario: a través del proceso de *reflexión consciente*, podremos discernir qué nos satisfará más allá del momento de la compra y qué no es más que un simple *flash*, o un gancho sugerente para engañarnos. No es dejar de comprar, ni mucho menos, sino hacerlo *de otra manera:* la racional. Así evitarás la gran arma del Sistema para vencerte: la *compra compulsiva*, tan emocional que anula los resortes de tu inteligencia y te lleva a comprar lo que no necesitas o a un precio desproporcionado. Grant Sabatier propone, por ejemplo, hasta once preguntas que puedes hacerte antes de comprar:

1) ¿Cómo de feliz me hará esta compra?
2) ¿Tengo dinero suficiente?

3) ¿Cuántas horas debo trabajar para pagarlo?
4) ¿Puedo permitírmelo?
5) ¿Cómo comparan los precios en términos de porcentaje?
6) ¿Puedo conseguirlo más barato?
7) ¿Cuánto me está costando este tipo de comodidad?
8) ¿Por cuánto me saldrá al año o para el resto de mi vida?
9) ¿Cuál es el coste—por—uso?
10) ¿Cuánto valdrá el dinero que cuesta esto en el futuro?
11) ¿Cuánto tiempo me comprará esto en el futuro?

Son tantas que al formularlas como mantras se te pasará el impulso irracional de comprar y probablemente no lo hagas si no es realmente necesario. Un *mindfulness* económico ejemplar. No creo que ninguno de nosotros lleve a cabo un proceso tan racional, pero interiorizar el hacer *consciente cada acto* de compra y saber qué de lo que compras es realmente necesario y te hace feliz —y consecuentemente, *qué no*— es un primer gran paso para reducir tus gastos.

## EL PESO DE LA MOCHILA

Pasé mi erasmus en Cardiff con apenas una maleta y una mochila pequeña: era todo mi equipaje. Mi primera mudanza ya exigió camión y unas cuantas horas: muebles, ropa y una naciente biblioteca. La próxima mudanza me llevará un día entero; no quiero imaginarme las demás. Lo que se acumula pesa en el viaje. Y no solo en lo material: los apegos emocionales, las relaciones multiplicadas en exceso por temor a quedar desconectado en lo social o en lo profesional, los compromisos y los recuerdos del pasado, todo puede formar una pesada mochila que hay que cargar.

Como ya he contado, me retiré en enero del 2018. En marzo, comencé a viajar y viajé sin parar hasta que la consciencia de la huella de carbono —un solo vuelo en turista de Madrid a Los Ángeles contamina tanto como veinte mil kilómetros de coche[86]— y la pandemia me obligaron a poner el freno. Mi primer destino: Cuba. Llevé una maleta inmensa porque en España me aseguraron que allí no encontraría nada para avituallarme, así que me preparé con todos los porsiacasos. Error, por supuesto. En La Habana aprendí que en cualquier parte del mundo hay supermercados. En otros viajes, descubrí que fuera de España también hay lavadoras, así que reduje mi equipaje a lo que entraba en mi mochila[87]: en el compartimento superior, el ordenador, y en el inferior, la ropa (camisetas, mudas, pantalones, algún jersey) y los artículos de aseo. Así, he sustituido los "¿Y si...?" por los "¿Y si no...?", y cuando me equivoco, compro en el lugar de destino lo que necesito. El resultado: viajo ligero, y despreocupado. Una lección aprendida que después he aplicado a la vida, en la más sencilla de las lógicas que nuestro mundo nos obliga a obviar: la mochila ligera hace más liviano cualquier viaje[88]. Porque al final, lo importante es lo que vivimos, no lo que portamos.

---

[86] Con un consumo medio de 6l/100km. Si tienes curiosidad, te sugiero que pruebes esta herramienta: www.carbonfootprint.com/calculator.aspx

[87] Que compré en una tienda para policías y es prácticamente irrompible.

[88] Interesante apunte de Tim Ferris en su *Jornada semanal de cuatro horas:* "Le he preguntado a todos los trotamundos que he entrevistado para este libro qué aconsejarían a alguien que iniciase un viaje de largo recorrido. La respuesta ha sido unánime: lleva menos cosas".

## DESHACERSE DE LO INNECESARIO

*Lo suficiente* es, pues, el tamaño ideal de nuestra mochila. Podemos llegar a esa consciencia, por supuesto, antes o después de haber comprado lo que en realidad no necesitamos. En este segundo caso, por fortuna, siempre hay marcha atrás. De hecho, la catarsis de desprenderse de lo innecesario resulta liberadora. Mi hermana, por ejemplo, acumuló cientos de cacharros durante muchos años, hasta que se dio cuenta de que tanto *pongo* la agobiaba. Así se ha convertido en una vendedora experta de Wallapop, con más de 300 ventas y una valoración de cinco estrellas. No tira: proporciona a las cosas una segunda vida, porque su tesis es que nada sobra, todo es vendible o regalable.[89]

La condición primaria de Marie Kondo para crear orden y recogimiento es, precisamente, la renuncia. Nos enseña con dulzura a deshacernos de lo innecesario. Y, bien, luego nos aporta trucos de organización y aprovechamiento del espacio, pero no nos engañemos: lo que predica comienza, básicamente, con *vaciar* nuestros armarios. Reducir primero, y simplificar después. Armarios suficientes y ordenados que aportan espacio vital, claridad y armonía. Bueno para uno mismo y bueno para el planeta. Cualquier espacio de almacenaje debe ser un candidato firme a la simplificación. Como cualquier trastero, por qué no, si su mismo nombre ya indica su cometido: postergar con cobardía la decisión de deshacerse de los trastos. Como también cualquier ámbito de nuestra vida: Desprenderse es un magnífico ejercicio para entrenar la mente en no gastar en lo innecesario.

---

[89] Afortunadamente, hay muchos canales ya: Wallapop (cualquier trasto), o Vinted (ropa) o Percentil, Tiruleta y Segundamanita (todo lo relacionado con bebés y niños). El lema de Wallapop "lo hecho, hecho está y lo mejor que podemos hacer es usarlo" me parece simplemente genial.

RE — RE — RE

Interiorizado que el objetivo es llegar a ese suficiente y no acaparar lo innecesario, toca ponerse manos a la obra con la reducción de gastos. Recuerda que para poder retirarte y cumplir tu objetivo debes bajar el número de años que te queda para conseguirlo, y que ello se logra bien incrementando tus fuentes de ingresos o bien reduciendo tus gastos. Pues bien, estamos con la segunda. Tendrás que *r*egistrar, *r*evisar y *r*educir.

## REGISTRAR

Conviene que, a partir de ahora, lleves un registro de tus gastos. Recuerda que lo que no se controla no se mejora. Conozco multitud de personas que usan como único referente de sus finanzas el saldo de su cuenta corriente. No saben —o no quieren saber— en qué gastan y cómo gastan y así solo ahorran —si llega el caso— lo que al final de mes no han gastado. Medir es esencial para mejorar y, me temo, imprescindible para conseguirlo.

Hace poco me nombraron presidente de la comunidad de vecinos de un piso que tengo alquilado. Descubrí unas cuentas calamitosas: los gastos se habían disparado en los últimos años y había vecinos morosos. Afortunadamente, el administrador llevaba un registro histórico de todos los gastos de la comunidad, y con ellos pude identificar las partidas más significativas y poner a competir en ellas a proveedores; así se redujeron un 40% los gastos de la comunidad con apenas una mañana de llamadas. No es que yo sea un crack o que haya sido más listo que los anteriores presidentes: simplemente presté atención a lo que había, y la reducción vino, como acabo de contar, casi sola. Por eso es imprescindible llevar una relación de tus gastos. Como ya sabes, yo utilizo Excel y volcados de cuentas corrientes y tarjetas. Hace años que dejé de usar el metálico por lo de "billete cambiado, billete gastado"; además, llevar un control de lo gastado en metálico me exigía una memoria que no tengo. Ahora pago todo por tarjeta y de esta manera puedo exportar a mi hoja de cálculo la relación exacta de mis gastos y clasificarlos. Así sé lo que hay, sé dónde se me ha ido la mano y qué puedo atajar.

Soy consciente de que este control resulta complicado para personalidades poco analíticas. Pero, como todo, cuando uno construye su propio método —el de cada uno[90]— y practica, con el tiempo se convierte en hábito, y los hábitos salen solos, no hace falta forzarlos. Una vez que el control está incorporado a nuestra vida, llega el gasto consciente y la combinación virtuosa de gasto consciente a priori y control a posteriori, genera una sensación de seguridad madura y coherente que engancha y se mantiene en el tiempo. Esa sensación de saber que sujetas tu timón, y que eres el dueño de tu destino y has vencido al Sistema no tiene precio, créeme. Tan solo requiere determinación y constancia.

Grant Sabatier anima de la siguiente manera: "Pasa cinco minutos al día con tu dinero. Pronto te parecerá un juego, y cuanto más juegues, mejor te sentirás, más oportunidades verás, y más dinero podrás hacer". Cinco minutos al día, no más, que te permitirán retirarte unos cuantos años antes.

---

[90] Si eres muy de aplicaciones, prueba con Quicken. No se lleva mucho en España, pero es sencilla de utilizar y muy práctica. Fintonic y Monefy también te valdrán. Si te van las hojas de cálculo, puedes adaptar a tus gustos esta: Registro y seguimiento de Gastos

## REVISAR

Una vez que recopiles tus gastos, categorízalos. Puedes tirar de las clasificaciones clásicas o las tuyas propias. Por ejemplo, yo distingo, dentro de la categoría comida, las compras del súper, las comidas de compromiso y las cenas de placer y eso me ayuda a mantener los tres conceptos de gasto a raya. Categoriza como quieras, pero hazlo y, una vez hecho, revisa en términos de qué te merece la pena y qué no. Busca tu punto de satisfacción en cada una de ellas. A mí no me da más gastarme 90 euros en el restaurante de moda, pero tengo amigos que sí; por otro lado, a muchos de mis amigos no les da más gastar dinero en temas de *fitness*, y a mí sí. Yo uso como referencia el coste de la escolaridad de mis hijos: viajar en *business*, por ejemplo, en lugar de en turista, supone más de cinco meses de la escolaridad de uno de mis hijos; el último iPhone, un mes y medio de escolaridad. Las decisiones con esta medida me resultan fáciles. Insisto: cada uno tiene su propio baremo para medir. Viajar en *business* me parece tan legítimo como cualquier otro gasto, porque lo es; lo que preconizo es el gasto consciente: saber cuánto cuesta lo que gastamos, y la mejor manera de hacerlo es comparándolo con la renuncia que supone: si gasto en esto, ¿en qué dejo de gastar? ¿O cuántos días/meses/años más tardaré en retirarme? Vicki Robin habla del esfuerzo de vida: ¿Cuánto de mi tiempo he empleado en ganar lo que voy a gastar ahora? Recuerda que, de cada diez años de trabajo, dos se van al coche. Por eso, comprar un coche debe ser una decisión muy meditada, en vez de un "lo necesito" aceptado sin más.

Es necesario revisar con la cabeza, no con el corazón. Déjame que vuelva a la dieta Dukan de las finanzas: decíamos que cuando se decide cortar por lo sano y a lo bruto, y se deja de salir, de cenar fuera, de ir al cine, de pedir glovos, de comprar cromos a los niños, o cuando se decide no volver a viajar, el efecto no dura más que el de una dieta milagro. Se sufre lo indecible durante una temporada para en el abandono posterior volver a gastar sin control, tanto o más de lo que se gastaba antes. Por eso es necesario hacer un plan sensato y progresivo, orientado más a crear un hábito duradero que el objetivo de cortar gastos porque sí. Tomemos el ejemplo de comer de táper en el trabajo: si se ve la bondad de comer más sano, más ecológico y, por supuesto, más barato, se creará el hábito; si, por el contrario, se hace únicamente para recortar gastos, no perdurará. Como en las dietas con resultados a largo plazo, el recorte de los gastos debe ser paulatino, consciente y sin esfuerzo ni sacrificio. Igual que se puede adelgazar sin pasar hambre, se puede dejar de gastar sin la opresión de la renuncia. Debemos desprendernos, sin más, de lo superfluo, después de haber hecho ese ejercicio honesto de reflexión sobre qué es lo que de verdad necesitamos.

Así, hay que disfrutar del gasto y gastar en lo que nos aporta felicidad. Como bien señala Vicki Robin, "aprovechar no significa ser tacaño, al contrario: aprovechar es una palabra suculenta, llena de sol y sabor. La mentalidad del 'cuanto más, mejor y nunca nada es suficiente' suspende la prueba de la frugalidad, no solo por los excesos, sino también porque no se disfruta de lo que se tiene. Cuando conseguimos la casa de nuestros sueños, un coche digno de nuestro estatus social o la pareja perfecta, no nos detenemos a disfrutar de ellos a fondo. En lugar de eso, seguimos persiguiendo la próxima adquisición codiciada."

Disfrutar supone también no renunciar a los pequeños placeres de la vida. El café o el tabaco pueden ser grandes fuentes de felicidad; pero en su justa medida: Si eres fumador, ¿cuántos cigarros te aportan satisfacción y cuántos otros fumas mecánicamente, sin ni siquiera ser consciente de que estás fumando? Yo tuve una compañera que en cuanto sonaba su móvil en la ofi, cogía paquete y mechero y bajaba a la calle. Allí, fumaba un cigarro tras otro hasta que terminaba la llamada, pero como ya había bajado treinta y un pisos, aprovechaba para hacer otras llamadas y, como estaba al teléfono, ¡fumaba más! Reconocía que podía fumar seis o siete cigarros seguidos cada vez que bajaba. Dejando aparte la evidente cuestión de salud, lo cierto es que ese gasto en tabaco no proporcionaba a mi compañera ninguna felicidad y parece, por tanto, innecesario. Y, sin embargo, el cigarro después del café en el resurgir de la mañana, o el de la puesta del sol, son perfectos, porque se disfrutan.

Si hablamos de viajar: ¿qué gastos son necesarios para el viaje y cuáles nos proporcionan, simplemente, comodidad? No es necesario pagar diez euros por café y bocata regulero en los aeropuertos; o ciento veinte para facturar maletas que después solo nos darán la lata; está mucho más rica la comida de la calle en La Habana, Bangkok o Boracay que los caros restaurantes de comida europeizada; no es necesario pagar doscientos euros por una habitación en la que solo vas a dormir; ni treinta euros por un desayuno; ni reservar excursiones a precios desorbitados cuando puedes alquilar un coche o ir en transporte público por cincuenta veces menos, aunque tengas que organizarlo tú; ni comprar dedales, cucharitas, camisetas, gorras, imanes de nevera, cuadros, pamelas o máscaras. Puedo afirmar que en estos años he viajado por medio mundo por dos duros, sin dormir en habitaciones compartidas[91], malcomer o pasar ningún tipo de

---

[91] Que no tienen nada de malo, pero no son mi estilo.

penuria. Simplemente, he salido de los circuitos turísticos, me he alojado en *airbianbís* o chollos online y, con todo el tiempo del mundo para elegir, he volado cuando resultaba barato (gracias, Google Flights). Disfrutando lo que se gasta y gastando solo en lo que se disfruta se puede viajar por un 50% menos. Créeme, es verdad[92].

## LA TRAMPA DE LA PROPIEDAD

En mis inicios, invertí en una sociedad para montar un restaurante. Tomamos la decisión —errónea— de adquirir el local en lugar de alquilarlo, con el argumento de que "el ladrillo nunca pierde valor". Era 2007, un año antes de que la crisis en España hiciera caer hasta un 40% el valor de los inmuebles. Comprar y reformar el local exigió una inversión con la que podríamos haber montado dos McDonald's y, como la gestión del restaurante fue nefasta, pronto tuvimos problemas de tesorería y a los dos años, tuvimos que cerrar. Para colmo de males, en plena crisis, no hubo manera de vender el local, o traspasarlo. La sociedad hoy se encuentra en causa formal de disolución, el inmueble se subastará y se ha perdido prácticamente todo lo invertido. *Poseer en propiedad* suena bien, pero nos costó muy caro: alquilando el local habríamos perdido mucho, pero no lo habríamos perdido *todo*.

Uber, la mayor compañía de VTCs del mundo, no tiene ningún vehículo en propiedad. Airbnb, la mayor compañía de

---

[92] Algunos ejemplos reales: Cuba (12 días), 1.150€; Marrakech (6 días), 307 €; San Francisco y Los Ángeles (12 días), 1.650€; Ciudad del Cabo (10 días), 1.093€; Ciudad de México y Playa del Carmen (11 días), 1.500€. Todos incluyen: vuelos, alojamiento, gastos de comida, gastos culturales, transporte interno, compra de tarjeta SIM y salidas de ocio.

alquiler turístico del mundo, no tiene ni un solo apartamento propio. Alibaba, el mayor retailer del mundo, no tiene stocks. Las líneas aéreas no tienen aviones[93]. En el mundo empresarial se sabe que la propiedad sale muy cara. En las finanzas personales, sin embargo, tendemos a cargarnos con propiedades (casa, coche, segunda casa, segundo coche) que usamos sin ser conscientes de su coste real.

Ida Auken, antigua ministra de medio ambiente de Dinamarca, causó un gran revuelo en 2016 al publicar un artículo en el que pronosticaba un futuro en que no tendremos nada en propiedad. Comenzaba así: "Bienvenido al año 2030. Bienvenido a mi ciudad –o debería decir, 'nuestra ciudad'. Nada me pertenece. No soy dueña de un coche. No soy dueña de una casa. No poseo electrodomésticos ni ropa. Puede parecerte extraño, pero esta ciudad, para nosotros, tiene mucho sentido. Todo lo que considerabas un producto se ha convertido en un servicio. Tenemos acceso al transporte, alojamiento, comida y todo lo que necesitamos en nuestra vida cotidiana. Una por una, todas estas cosas se convirtieron en gratuitas, por lo que al final no tenía sentido para nosotros poseer mucho."[94]

Está claro que no sucederá en 2030 y probablemente no con esa intensidad, pero *tenderemos* a sustituir la propiedad por el alquiler o el pago por uso. El 74% de los americanos prefiere vivir experiencias a poseer cosas[95]. *Tener* un coche ya no es una prioridad para la generación Z, e incluso sacarse el carné de

---

[93] Generalmente, los alquilan con leasing.
[94] www.proyectum.com/sistema/blog/bienvenido-al-2030-no-tengo-nada-no-tengo-privacidad-y-la-vida-nunca-ha-sido-mejor/
[95] 3pur2814p18t46fuop22hvvu.wpengine.netdna-cdn.com/wp-content/uploads/2018/01/Expedia_White-Paper2.pdf?inf_contact_key=d4ebfc8011ef076f0f100f6c3d5ace79b127cc1cd54bb4d53a8e7a85e0701068

conducir, tampoco[96]. Un compañero de mi antiguo trabajo se quejaba en una ocasión: "No comprendo a mi hijo: mi madre le ha dicho que, si se saca el carné de conducir, ella le regala el coche, y él le ha respondido que para qué quiere un coche, si ya tiene Blablacar y Sharenow". Interesante confrontación generacional, en la que el joven ya se ha dado cuenta de la ineficiencia de comprar algo que está, de media, el 97% del tiempo parado.[97]

¿Quiere decir esto que las propiedades son malas? Pues no. Quiere decir que tenemos que ser conscientes del *coste* que supone tener algo en propiedad y valorar si nos sale a cuenta. *Tener* un coche cuesta de media unos 725 euros[98] al mes. *Tener* una casa en propiedad, según su valor, lo que muestra esta tabla[99]:

| Valor del piso | Coste mensual de tenerla en propiedad | Coste mensual del alquiler |
|---|---|---|
| 100.000 € | 550 € | 310 € |
| 200.000 € | 1.110 € | 620 € |

---

[96] revista.dgt.es/es/reportajes/2021/12DICIEMBRE/1214-Jovenes-PermisoConducir.shtml

[97] "Cuentas ecológicas del transporte", Ecologistas en acción, 2014.

[98] El desglose (conservador) para un coche de 24.000€ es el siguiente: amortización del préstamo a 7 años (300€), intereses (75€), combustible (70€), seguro (40€), mantenimiento (20€), aparcamiento (10€) y multas (19€). Además, hay un coste de oportunidad de 200€, que supone todo lo que se deja de ganar por no invertir lo gastado (precio del coche más gastos) a un 8%.

[99] Asumiendo los siguientes costes (en % sobre el valor del piso): Comunidad (0,4%), IBI (0,2%), mantenimiento (1%) y Seguro (0,1%). Asimismo, se asume un coste de oportunidad del 8%, un potencial de revalorización anual del piso del 3% y un coste del alquiler de un 3,7%.

| Valor del piso | Coste mensual de tenerla en propiedad | Coste mensual del alquiler |
|:---:|:---:|:---:|
| 300.000 € | 1.660 € | 930 € |
| 500.000 € | 2.760 € | 1.540 € |
| 700.000 € | 3.870 € | 2.160 € |

Tendemos a creer que el alquiler es dinero tirado a la basura y que la propiedad es una inversión, pero ya ves en la tabla que *una casa en propiedad cuesta al mes casi el doble que una en alquiler*. Ello es debido a los costes extra que tiene la propiedad (comunidad, impuestos, mantenimiento, etc) pero, sobre todo, al **coste de oportunidad**, que es lo que dejas de ganar por no tener invertido el dinero que has destinado a comprar el piso. Si asumimos que, bien invertido, puedes sacar al dinero un 8% anual de rendimiento bruto y tu piso se revaloriza de media un 3% cada año, el coste de oportunidad será la diferencia entre ambos: un 5%. Es decir, si destinas 400.000 euros a tu residencia habitual tienes que ser consciente de que *dejarás de ganar* 20.000 euros al año (1.667 al mes), y además pagarás unos 540 euros al mes en comunidad, impuestos y mantenimiento que, alquilado, no pagas. ¿Todavía piensas que tener tu residencia habitual en propiedad es una *buena* inversión? Yo no. Por eso vivo alquilado y al mismo tiempo, tengo pisos en propiedad que alquilo a otros.

Si estás pensando en comprar un piso, haz números añadiendo el coste de oportunidad. Si ya lo has comprado, quizás llegas tarde, pero te sugiero que añadas *el coste de oportunidad* en la toma de decisión de cualquier compra relevante. Te será muy útil y, probablemente, te libere de la trampa de la propiedad.

## REDUCIR

Quizás no quieras desprenderte de todos tus gastos (por ahora). Quizás consideres que todos y cada uno de ellos son absolutamente justificados. Sea. La experiencia me ha demostrado que un buen comienzo puede consistir en reducir el *número de ocasiones de gasto*. Mis amigos **Queca y Rober**, pareja, no cocinaban nunca. A mediodía entre semana, comían con los compañeros de trabajo. Por la noche y los findes, encargaban comida a domicilio. No cocinar es una costumbre tan aceptable como cualquiera; de hecho, es la manera tan habitual de proceder en el sudeste asiático, que muchas casas allí no tienen cocina. Aquí es un suceso más excepcional, pero también se da. El problema reside en el tipo de comida que mis amigos pedían a domicilio: no era la más sana. Así, Rober llegó a pesar ciento treinta kilos y se vieron en la necesidad de cambiar, pero, como no se veían capaces, comenzaron con el "día de cocinar en casa". En ese día, hacían la compra al salir del trabajo y se preparaban platos sencillos y sabrosos. Funcionó y, gradualmente, están ampliando los días de cocinar en casa. Quizás puedas aplicar este principio a tus rutinas, y ahorrar reduciendo las ocasiones de consumo, sin modificar por completo tus costumbres. Quizás algún día mis amigos cocinen *casi siempre* y dejen los glovos para ocasiones excepcionales. Quizás tú irás cambiando tus costumbres también poco a poco y sin traumas, disfrutando del camino y encontrando en las nuevas formas de hacer las cosas el placer escondido, al tiempo que ahorras y ganas en salud.

## CONSEJOS PARA NO CAER EN LA TRAMPA

Al tiempo que se hace un ejercicio honesto de identificación de gastos innecesarios y se acomete una reducción sensata y gradual, debemos recuperar esa aproximación consciente a las compras que tuvimos en el pasado y que el Sistema nos hizo desaprender. Nuestras abuelas aprendieron la gestión de la economía familiar, nosotros la olvidamos y aprendimos a consumir sin cabeza persiguiendo una pretendida felicidad que ya sabemos que no existe; toca, pues, desaprender y reaprender a ser un comprador racional, para darle al dinero ganado con nuestro sacrificio toda su dignidad.

Y para que no se me acuse de que vendo pájaros y flores, he aquí una serie de lecciones concretas que he aprendido como consumidor racional y como consultor que ha jugado años desde el otro lado:

1. No vayas de compras para pasar el rato o por diversión. Probablemente nada de lo que compres te sea necesario y acabará olvidado en algún rincón del salón o de tu armario. Hay miles de formas de entretenerse fuera de una tienda: la mejor, estar con l@s tuy@s, sin más.
2. No compres por internet más que lo absolutamente necesario. Y nunca piques con las *compras sugeridas*: si alguien te invita a ver que algo te gusta, no es necesario.
3. Desactiva las notificaciones, que las carga el diablo, y pon filtros automáticos para que todos los correos comerciales vayan directos a la basura. Ya, ir programando el filtro para cada remitente parece un coñazo, pero al final merece la pena: a tu mail solo entrará lo esencial, y te aseguro que *nada* de lo que se filtre te será necesario y ni siquiera relevante.

4. Espera. Hazte las once preguntas de Grant. No compres si no puedes pagarlo. Los cómodos plazos, ya lo sabes, salen muy caros.
5. Hazlo tú mismo. Arregla tú los pequeños desperfectos de la casa. No me digas que no sabes: hay tutoriales de YouTube para casi todo. Recupera la curiosidad. La mayoría de los problemas informáticos pueden resolverse sin la ayuda de un profesional. Si te curras tú mismo tus viajes te ahorrarás hasta un 30% sobre el coste de un viaje organizado. Solo cuando no te quede más remedio, contrata a un profesional, pero aprende de él y ya no lo necesitarás más. La nevada Filomena desenganchó el riel de la persiana automática del salón de mi casa. El persianista la arregló en diez minutos y yo aprendí a hacerlo, para el próximo percance.
6. Compara precios. Tanto en las compras relevantes como en las pequeñas compras. Tómatelo como un juego, o como un reto. Pronto sabrás, como tu abuela, a cuánto está el pollo, la aguja de ternera o la merluza, y no te la colarán. Experimenta cada día una satisfacción parecida a *creer* que has conseguido el mejor precio en el zoco de Marrakech[100].
7. No compres lo que está caro. Parece obvio, pero no lo hacemos porque se nos ha enseñado a querer todo ya. Recuperar la virtud de la postergación te ayudará a ahorrar. El besugo no está más rico en Navidad. No es necesario comer sandía en mayo; en julio estará mucho más sabrosa y cuatro veces más barata.
8. No vayas a donde todo el mundo va. O cuando todo el mundo va. Por pura lógica de mercado, te saldrá mucho más caro.

---

[100] Creer, simplemente, nunca conseguirás vencer al marroquí que se dedica a regatear todo el día.

9. Aprieta a los proveedores de suministros. Simplemente amenazando con pirarte conseguirás rebajas en la luz, el gas, el teléfono o internet. Espera a renovar una suscripción y te ofrecerán descuentos. Y si no es posible con tu proveedor actual, hay muchos más. Tómate tu tiempo comparando tarifas y ve al más barato. Después, asegúrate de que pagas solo lo que necesitas porque habitualmente contratamos una potencia de luz mayor de la que necesitamos, servicios de televisión que no usamos, gigas en nuestro móvil que no consumimos y muchas lindezas más.
10. Maneja las marcas con cuidado. En una conversación de niños escuché: Niño 1: "En mi casa tenemos tres ordenadores: un HP, un Mac y una Surface". Niño 2: "Pues en la mía, tenemos el nuevo, el viejo y el de mi padre". Cuestión de gustos, pero el sobreprecio de determinadas marcas no se justifica con una pretendida mejor calidad. Niño 2 ya lo trae aprendido de casa.
11. Vigila el ataque de las hormigas: son los pequeños gastos recurrentes a los que no prestamos atención, pero que juntos pueden hacer mucha pupa: suscripciones a plataformas de vídeo o música, servicios que no usamos, aplicaciones... pueden llegar a suponer 500 euros al mes. ¿Hay que cortar con todos? No, pero debemos ser conscientes de que existen y plantearnos hasta qué punto los necesitamos todos, o solo algunos.
12. No te desanimes por los imprevistos. Probablemente cada mes habrá alguno. Yo lo considero como un gasto regular más, de importe desconocido. Hay quien reserva una bolsa de ahorro para ellos; es una buena práctica. En cualquier caso, gestiónalos con calma: no se acaba el mundo. Otra cosa es que consideres imprevisto lo extraordinario. Lo

imprevisto es imprevisible. Lo extraordinario parte de ti. Lo imprevisto es necesario y generalmente ajeno a tu voluntad y por tanto poco puedes hacer (por ejemplo, esa factura del dentista); lo extraordinario es algo que quizás va más allá de lo suficiente (por ejemplo, un viaje de placer que todavía no te puedes permitir y que pagas a plazos). Por tanto, amortigua el impacto de los imprevistos con el método que mejor te venga; y modera/evita en la medida de lo posible los extraordinarios.

13. Pasa de las modas. Convierte tu fondo de armario en, simplemente, tu armario. Exorciza la *fast fashion*. Compra solo en rebajas.
14. Los productos cosméticos no son mejores por ser más caros. Ídem con la ropa. Ídem con el vino en un restaurante.
15. Limita en lo posible tu tiempo de tele y de redes sociales. Son fuente de publicidad y de creación de las necesidades más innecesarias.
16. Cocina. La comida casera es, de lejos, la más adecuada. No, la comida sana no es más cara que la comida basura. Y sí, cuando de verdad se quiere, se encuentra tiempo para cocinar.
17. Mételes mano a las comisiones bancarias. Como ya sabes, hay bancos que te cobran por todo[101] y bancos que no cobran por nada. Tú eliges con quién quieres tratar.
18. Revisa las coberturas de tus seguros. Si tienes "los que cubren todo", te la están clavando. Calibra bien el precio de la tranquilidad y usa los comparadores: te ahorrarán una pasta.

---

[101] Un determinado banco ofrece la posibilidad de recibir sus notificaciones push por un euro al mes. Un ejemplo más de que la capacidad de la banca comercial para sorprendernos (a mal) nunca se agotará.

19. Identifica y rechaza el *cross selling* y el *up selling*. Nada de lo que te propongan es necesario.
20. Apaga luces y desconecta aparatos. No, la tele no hace compañía; l@s tuy@s, sí.
21. Usa los recursos públicos (con responsabilidad): parques, bibliotecas, polideportivos, actividades culturales, cursos de formación, subvenciones, becas, centros de salud…
22. Repara: los muebles y aparatos electrónicos son arreglables y eso de que "te va a costar más que comprar uno nuevo" suele ser falso. Retapiza, pinta, resetea, cambia baterías, limpia, actualiza. Acabemos con la maldita obsolescencia programada.
23. O vas al gym o no vas, pero no financies tu gimnasio. Ídem con las clases de idiomas, las plataformas de contenidos y los cursos online. Ídem con los groupones.
24. Usa las tarjetas *cashback* y de acumulación de puntos. Te parecerá una tontería, pero un descuento del 2% de tus compras anuales te reducirá el tiempo para retirarte uno o dos años.
25. Tarjeta de débito mejor que de crédito. Y si tiene que ser de crédito, *nunca aplaces* las compras. Puedes tener la tentación de hacerlo si ves un anuncio así de sugerente:

> **CRÉDITO**
>
> ¡Date un respiro! Paga poco a poco tus compras.
>
> Con tu línea de crédito tú decides cuánto pagas cada mes. Además, siempre que quieras podrás aplazar las compras que **hayas realizado a contado fin de mes** y pagarlas a crédito. No olvides que puedes cambiar la forma de pago de tu tarjeta y utilizar la línea de contado o la de crédito según te convenga. [1]

En la llamada a pie de página, que está muy muy muy muy a pie de página, se descubre el truco: Esta forma de pago conlleva intereses (TIN 17,50% y TAE 18,99%). Rozan el límite de la usura. Pues bien, si financias en estas condiciones, digamos, 3.000 euros, y quieres "darte un respiro" y "decides cuánto pagas cada mes", es decir, decides pagar 40 euros al mes, después de un año habrás pagado 480 euros (40x12). Al finalizar el año consultarás el saldo de tu deuda, para descubrir que debes 3.096 euros. ¡Más que al principio! Es así porque los intereses que genera la deuda viva son mayores que lo que decidiste pagar cada mes. Así quedarás atrapado.

26. Proponte con firmeza reducir el desperdicio: compra menos cantidades de frescos, congela, no abuses de la calefacción y el aire acondicionado, usa más las escaleras y menos el ascensor, no pidas lo que no vas a comer en los restaurantes, o pide un táper, que ya no se considera una cutrez y empieza a ser lo más.

27. Ten gustos sencillos. Sencillo no significa simple ni se riñe con maduro, sofisticado, interesante o satisfactorio. De hecho, son los pequeños placeres los que dan sentido a la vida. No creo que necesites un chorro de agua tibia y aire para tu váter; ni esferificaciones o deconstrucciones para tu tortilla de patata; ni champán o peloteo insincero durante un vuelo a las Canarias; ni toallas limpias o chanclas de un solo uso cada vez que vas al gimnasio; ni chocolaterapia o maderoterapia después de un ya relajante masaje. En cambio, siempre necesitarás el abrazo de los que te quieren, las conversaciones entretenidas, el descubrimiento, el redescubrimiento, los recuerdos, la brisa fresca del mar, la montaña, el bosque o el parque, la risa despreocupada de tus

amig@s y el sueño reparador; todo lo realmente necesario — salvo los gastos mínimos de manutención, por supuesto— es gratuito e increíblemente alcanzable, así que no nos compliquemos la vida: la vuelta a lo sencillo, al final, te rentará.

28. La nevera, mejor tirando a vacía que llena. O terminarás arrojando la mitad de lo que compras a la basura o por el desagüe.
29. Elimina intermediarios innecesarios en la era digital: con Idealista o Fotocasa, no necesitas que una inmobiliaria te cobre miles de euros[102] por comprar o vender un piso; presentar la declaración de la renta en la web de la Agencia Tributaria es sencillo en la gran mayoría de los casos; las agencias de viajes —físicas y *online*— te cobrarán un plus por los billetes u hoteles que puedes comprar mucho más baratos en las páginas webs de las aerolíneas y las cadenas; etc.
30. Aprende a identificar la agresividad comercial. Una sonrisa infinita o la amabilidad extrema esconden, paradójicamente, instrumentos de persuasión muy agresivos, porque nos tocan en lo íntimo, desmontan nuestro instinto de rechazo y tienen como objetivo único e insincero la venta. Quizás el más reseñable sea el de l@s comerciales de las oenegés en la calle. Jóvenes, radiantes, amabilísim@s, una causa noble. Pero con un proceso de venta rapaz: suelen elegir a alguien del sexo contrario, se interponen en su trayectoria, con una sonrisa angelical prometen no robar más de un minuto y

---

[102] El 3% de comisión de una inmobiliaria (más el 21% de IVA) para la venta, de, por ejemplo, un piso de 200.000 euros son 7.260€. "No tener tiempo" es una excusa muy tonta para regalar semejante dineral. Haz números: si tienes que comerte, por ejemplo, 20 visitas hasta que vendas el piso, cada una de ellas te saldrá a 363€. Muy poca gente tiene ese sueldo por hora, así que tú verás si te interesa regalarlo.

durante un cuarto de hora apelan a los sentimientos más elevados de ayuda a l@s demás. Y es cierto: colaborar con una ONG es encomiable, pero el fin no justifica los medios y est@s comerciales, generalmente, no son activistas sino trabajadores en nómina que buscan su comisión y poco más. Desde el balcón de mi casa he visto a cientos de personas con problemas de asertividad ser asaltados, escuchar el discurso, apuntarse sin querer/poder colaborar y después, probablemente, darse de baja en casa. Es muy importante identificar la amabilidad impostada de l@s comerciales en restaurantes, tiendas, calle y al teléfono, y neutralizarla con un "no, gracias".

31. Reduce el coste de trabajar. Cuando necesitas el coche para *ir* al trabajo[103] debes tener en cuenta que te cuesta, como ya vimos, una media de 725 euros al mes. Si comes de menú, gastarás perfectamente otros 250 euros. Solo con estos dos conceptos, trabajar "te costará" ya unos 1.000 euros. Si el sueldo medio de un trabajador en España está en los 1.600 euros limpios, ya ves que las cuentas no salen para muchos. Pero, aunque cobres mucho más: El renting del coche de mi amiga **Sandra** cuesta 1.400 euros y lo necesita porque trabaja a 40 km de Madrid; la asistenta a tiempo completo que hace la casa y cuida de sus tres hijos por las tardes cobra 1.200 euros; debe gastar en ropa unos 500 euros al mes porque su puesto directivo exige pulcritud y prestancia; y comer fuera a diario le supone unos 300 euros. Trabajar le cuesta a mi amiga Sandra más de 3.000 euros. Guau. Si tú también tienes altos costes de trabajar, quizás debas plantearte, con sinceridad, sustitutivos: hay muchas zonas de España en las

---

[103] Que es muy distinto de necesitar un coche para trabajar (aunque se suelen confundir los términos).

que el coche se necesita, pero en otras muchas realmente se usa por comodidad. El táper siempre es una opción válida. ¿Qué tal **teletrabajar?** Al adquirir para currar hábitos más saludables y respetuosos con el planeta, curiosamente, quitarás muchos años de espera para retirarte[104].

32. Usa la opción de redondeo de los gastos que ofrecen algunos bancos. Te permitirá ahorrar un pellizco con cada compra, sin que apenas te des cuenta.
33. Gamifica, que, hablando en cristiano, consiste en convertir todo esto en un juego. Si ahorráis en pareja, compite con tu chic@. Si tienes hij@s, plantéales retos. Si alcanzas determinados objetivos, compártelo con l@s tuy@s y prémiate. Controlar a través de tu propio sistema (excel, libreta, lo que sea) te permite precisamente ver los avances y disfrutarlos.

## CONSEJOS PARA CUANDO ESTÉS EN EL SÚPER

34. Lee los informes de las organizaciones de consumidores para saber qué súperes son caros y cuáles baratos. No te fíes de la percepción que puedas tener por folletos, aplicaciones, carteles y ofertas: son un cebo para captarte.
35. *Nunca* compres productos con un precio redondo (1 euro) en amarillo sobre fondo rojo. Suelen tener muy poco gramaje. He llegado a ver *blisters* con 40 gramos de lomo de cerdo, rodeados de mucho aire para disimular, con doce lonchas,

---

[104] ¿No lo crees? Cambiar menú del día por táper supone un ahorro, en 15 años, de 55.028 euros. Haz cálculos (20 comidas al mes, ahorro de 12 euros por comida, con un coste de 2 euros por comida, once meses al año, suponen 2.200 euros al año. El valor futuro de un ahorro anual de 2.200 euros al año, durante 15 años, con un interés del 8 e impuestos del 23%, es aproximadamente 55.000 euros.

no más.

36. No te fijes en el precio por unidad de las cosas, sino en el **precio por kilo**. Afortunadamente —por obligación legal— toda etiqueta en el súper tiene que ponerlo. El precio por kilo te dará una base de comparación: 16 euros por kilo de bonito enlatado normalito es barato; 35 euros, caro.
37. Compra solo productos de temporada. Fuera de temporada, fruta y pescado suelen ser inmaduros y congelados, con mucho menos sabor y a precios desorbitados.
38. Aprovecha las ofertas para acaparar. En ellas, el *retailer* no gana dinero, así que estás haciendo tu compra realmente rentable.
39. Ten una lista de la compra y desvíate lo menos posible de ella. Salvo en lo referente al punto anterior, claro.
40. Nunca compres lo que ves frente a las cajas. Gominolas, pilas, caramelos, *snacks*, chocolatinas, huevos sorpresa, chicles o incluso macetas, son absolutamente innecesarios.
41. Lee las etiquetas de los productos y huye de los ultraprocesados[105]. ¿Comerías en un restaurante un plato llamado "Carne separada mecánicamente de pollo, grasa de cerdo, agua, dextrosa, sal, almidón, carboximetil celulosa, tripolifosfato de sodio, especias y aromas, eritorbato sódico, ¿aroma de humo y nitrito de sodio"? Son las salchichas de frankfurt de una marca de toda la vida. ¿Le darías a tu hijo cinco deliciosos azucarillos mezclados en harina, huevo, grasa de palma, aceite de palma, aceite de nabina, sal, ácido

---

[105] Los que tienen cinco ingredientes o más. Como regla general y salvo, por supuesto, honrísimas excepciones, cuantos menos ingredientes tenga un producto, mejor. Y también como norma general, los productos frescos son mejores que los elaborados. Más información en este estupendo blog: malnutridos.com/2022/03/31/no-es-ultraprocesado-todo-lo-que-reluce/

cítrico, cacao desgrasado, glicerol, almidón, maltodextrina, leche desnatada en polvo, jarabe de fructosa y glucosa, permeato de suero en polvo, triestearato de sorbitano, mono y diglicéridos de ácidos grasos, lecitina de soja, carbonato sódico, difosfatos, fosfatos cálcicos, aromas y sorbato de potasio? Bien mezclado y horneado, es un pastelito de toda la vida muy conocido. Huye de todo esto, insisto, o si ya le vas cogiendo el gustillo al rollo de ver cómo el Sistema intenta colárnosla, mira su precio por kilo. Descubrirás divertidas barbaridades.[106]

42. No compres en supermercados de conveniencia (los que tienen horario ampliado y suelen ser pequeños): son más caros.
43. El picoteo es lo que te hace engordar. Si no compras patatas fritas, cacahuetes bañados en miel, galletas o fuet, no los comes.
44. Descubre qué marca blanca es la que más te gusta para cada tipo de producto. Las marcas del fabricante ofrecen muy poco más por un precio más alto, pero tampoco hay por qué descartarlas. Una elección consciente y valorada de cada producto: ahí está la clave. Puede que te cueste un poco al principio, que te lleve más tiempo hacer la compra que antes y que termines con la cabeza como un bombo, pero pronto te acostumbrarás, tardarás lo mismo que antes y ahorrarás. Según mi experiencia, una compra consciente puede reducir perfectamente el tique entre un 20% y un 30% y que sea

---

[106] A fecha de redacción de este libro, en El Corte Inglés, el pastelito se vende a 15€ el kilo. Es decir, una mezcla de azúcar, distintos tipos de aceites vegetales de baja calidad, harina, leche y química, se vende a precio de ternera de primera. O de salmón. O por quince veces el precio de la sandía. Incluso por tres Big Macs. Así es la magia del márketing.

infinitamente más sana.
45. Transmite tus lecciones aprendidas a l@s tuy@s. Te lo agradecerán.

## AHORRA LO DE QUE DEJAS DE GASTAR

Recapitulando, es posible que ya registres todos tus gastos o que tengas el firme propósito de hacerlo a partir de ahora. Ya sabes cuál de esos gastos te proporciona placer y cuál realmente no, y sabes cuántas ocasiones de esos gastos son suficientes y cuáles son eliminables. Ya tienes un plan para apretar a los proveedores de suministros, bancos y aseguradoras. Has identificado esos gastos hormiga de los que puedes prescindir sin más. Ya no pagas a crédito. Cuando vas a la compra, mides todos tus actos, con una aproximación consciente y racional. Vas a aprovechar la anualidad ya pagada del gimnasio. Estás firmemente decidido a reparar, reutilizar, reducir y reciclar. Vas a cocinar más. Estás *on fire*, así que todo marcha y el objetivo de reducir tus gastos entre un 20% y un 30% ahora ya parece perfectamente alcanzable sin sacrificios, renuncias esenciales o dramas, así que muchas felicidades.

Es hora, pues, de ahorrar lo que no has gastado. Recuerda: que no te pase como a mi amiga Inés, que se fundió en Horcher lo que había ahorrado dejando de comprar mandangas en el supermercado.

Es conveniente que tengas una cuenta de ahorro. Si no eres muy analítico, te sugiero que a esa cuenta des órdenes de transferencias automáticas para cada gasto que reduzcas. ¿Renegocias el coste de fibra y móvil de 60 a 34,95? Pues configura una transferencia automática de 25,05 cada mes. Es divertido y motivante. Así, verás cómo poco a poco la cuenta de ahorro crece con pequeños ingresos, y crece, y crece, sin haber cambiado tu estilo de vida y sin esfuerzos innecesarios. Si eres más de hoja de cálculo, anota los ahorros como una cuenta más de gasto, que se resta de tu sueldo. Si no te va ninguno de estos dos métodos, *busca el tuyo*, pero ten uno, para que no suceda que, sacando unos costes, pero metiendo otros nuevos, terminemos como empezamos.

# VI
# ORA ET LABORA

"Todo es difícil antes de ser fácil"
Thomas Fuller

"Si trabajas duro ocho horas al día,
algún día llegarás a jefe y podrás trabajar doce"
Robert Frost

"Don't stay in bed,
unless you can make money in bed."
George Burns

El ahorro por la vía del gasto encuentra, lógicamente, un límite: lo suficiente, que, al marcar la cota de lo superfluo por arriba, también marca por debajo lo que consideramos necesario. Por tanto, arañar más allá nos meterá en el peligroso campo del sacrificio y cualquier esfuerzo no perdurará. Mejor, por tanto, que nos quedemos en lo suficiente y vayamos a la siguiente palanca de ahorro: **mejorar tu nómina**. Pero antes revisemos qué tal va esto de trabajar.

### TRABAJA MIENTRAS PUEDAS

La Universidad de la Singularidad prevé que un futuro solo trabajará el 10% de la población, porque la mayoría de los puestos de trabajo serán ocupados por robots[107]. Google está

---

[107] Los robots son tanto máquinas físicas como procesos informáticos. Ambos tienen en común la capacidad de automatizar y hacer redundante el trabajo humano.

gestando una formidable base de datos del conocimiento médico humano. Con ella, ya identifica en radiografías tumores indetectables por el ojo humano. Pronto diagnosticará cualquier enfermedad en segundos, porque a Google no necesitas contarle, como al médico, tus datos personales y tus hábitos: ya lo conoce todo de ti —si fumas, si bebes, si duermes bien o si tienes una vida sedentaria— y, por tanto, tampoco puedes mentirle. En breve, bastará con que subas los resultados de tus pruebas diagnósticas para que Google lo cruce con sus bases de datos, *et voilá!*, tendrás tu diagnóstico y el tratamiento más adecuado. Todo desde casa. Así, el trabajo de gran parte de los médicos tiene los días contados. Lo mismo sucederá con asesores financieros, gestores de atención telefónica[108], auditores, administrativos, notarios, conductores, traductores, repartidores, pilotos, bibliotecarios, secretarios e, incluso, abogados, arquitectos, guionistas, actores y escritores: Todos seremos sustituidos por inteligencia artificial, realidad virtual, aumentada o mixta, avatares y demás, y solo un 10% de trabajadores super cualificados —ingenieros y humanistas, básicamente— quedarán al mando del cotarro.

¿Difícil de creer? Bueno, ese futuro no está lejos: en España, solo trabaja el 42% de la población[109], así que no trabajar es, hoy en día, *lo normal*. O, al menos, lo mayoritario. Conclusión: en el futuro lo más probable es que no tengas ni pensión ni

---

[108] Botslovers automatiza el 90% de la atención al cliente con *bots*, "liberando a los humanos de tareas aburridas". Y hoy, la atención telefónica por parte de avatares no humanos en el mundo anglosajón no es identificada como tal por los clientes —es decir, el cliente cree que está hablando con un ser humano— y el grado de satisfacción declarado es un 40% superior.

[109] Población ocupada en el primer trimestre de 2022, 20.084.700 personas. Población de España, 2021, 47.432.700 personas. Fuente: INE.

trabajo[110]. Una razón más para que alcances tu independencia financiera *cuanto antes*.

## MEJORA TU MODO DE TRABAJAR

Antes de ponerte manos a la obra con tu aumento de sueldo, debes mejorar tu modo de trabajar, por dos razones: gastarás aún menos, y liberarás tiempo para buscar ingresos adicionales. Aquí tienes que ponerte las pilas tú y ponérselas a los demás, desarrollando seis buenas prácticas:

**1 – Sé productivo:** racionaliza, automatiza, delega, elimina duplicidades y evita tareas que no valora nadie; pero, sobre todo, *organiza tus propios horarios*. Cuando era un mico, mis compañeros dejaban la americana en su silla al marcharse a las diez de la noche para que los gerentes de proyecto creyeran que seguían trabajando. Mi *consultant* pajareaba al entrar a las nueve y empezaba a currar de verdad a las once porque, total, para qué, si iba a pringar hasta las mil. Cuando me promocionaron y fui más dueño de mi tiempo, me organicé yo a mi manera y pude salir mucho antes. No es cierto que triunfa el que trabaja dos horas más al día que el resto: triunfa el que aprovecha mejor su tiempo. Tim Ferris apunta: "Como tenemos 8 horas que llenar, llenamos 8 horas. Si tuviésemos 15, llenaríamos 15. Si tenemos una emergencia y tenemos que salir del trabajo en 2 horas, pero tenemos cosas pendientes, milagrosamente logramos terminar

---

[110] La Universidad de la Singularidad prevé que se generalice la renta básica universal. Es decir, todos dispondremos de una paga vitalicia proporcionada por el Estado que cubrirá nuestras necesidades básicas, pero el que quiera más, tendrá que trabajar. Sabiendo que pocos podrán hacerlo, el gran reto de esta sociedad futura será gestionar la frustración de parte de los ciudadanos y el aburrimiento de los demás, que tendrán todo el día disponible para hacerlo todo, o para no hacer nada.

esas tareas en 2 horas. La ley de Parkinson reza que una tarea crecerá en importancia y complejidad (percibidas) en relación con el tiempo asignado para llevarla a cabo. Existen dos métodos para aumentar la productividad que son iguales entre sí, pero dados la vuelta: 1. Limita tus tareas a las importantes, para trabajar menos tiempo (80/20). 2. Acorta el tiempo de trabajo para limitar tus tareas a las importantes (ley de Parkinson). La mejor solución es usarlas juntas. Detecta cuáles son las pocas tareas fundamentales que te generan más ingresos y establece plazos claros y *muy cortos* para realizarlas". Algo que yo hice intuitivamente cuando empecé a tener más autonomía en la gestión de mi tiempo. Me dije: a ver, con el tiempo que tengo, ¿qué puedo hacer? Y no al revés. Y utilizando el método inductivo, logré disfrutar de vida personal, algo que en consultoría no suele pasar.

Evita reuniones innecesarias y, si está en tus manos, procura que no se agenden por más de una hora. Anita Roddick, fundadora de The Body Shop, obligaba a celebrar las reuniones en mesas altas sin sillas; así se aseguraba de que no duraran más de lo necesario.

Y, parafraseando a Tim Ferris de nuevo: "Es fundamental que aprendas a hacer caso omiso o a redirigir toda la información e interrupciones que sean irrelevantes, intrascendentes o que no sirvan para hacer algo. La mayoría son las tres cosas."

**2—Teletrabaja todo lo que te dejen:** reducirás o eliminarás tu *coste de trabajar* —menú del día, gasolina, ropa formal—, pero, sobre todo, ahorrarás más de una hora de desplazamientos[111] y evitarás reuniones eternas, despacheo,

---

[111] www.michaelpage.es/prensa-estudios/estudios/transport-commute/resultados-de-

cafés, cotis, intrigas, marrones casuales y demás farándula laboral. Quizás sientas la necesidad de sentirte físicamente conectado con tu equipo, y es lógico. Un mix de días en la oficina y días de teletrabajo puede ser la solución. En cualquier caso, teletrabaja todo lo que creas posible. En la soledad de tu alcoba serás más eficiente y cumplirás tus objetivos en menos tiempo por una razón obvia: podrás concentrarte. Además, tendrás un aliciente para terminar pronto: usar el tiempo ganado en ocio o para conseguir ingresos alternativos[112].

Si logras teletrabajar, deberás *dominar a la bestia*: no aceptes reuniones a horas en las que no trabajarías si no estuvieras en casa; bloquea en tu agenda los huecos que necesites para ti (yo aprendí que cuando en mi agenda ponía "gym" o dejaba en blanco la hora de comer l@s secretari@s se pasaban por el forro mis prioridades y sobreagendaban, así que comencé a poner en su lugar citas con nombres de clientes y el *client first* me dejó respirar); pon el *fuera de la oficina* cuando termine tu horario laboral y sé valiente: desconecta las notificaciones y no mires ni contestes correos; evita en la medida de lo posible las llamadas (siempre puedes decir que estás en otra llamada o en una videoconferencia y que te manden correo o whatsapp); consulta/responde correos cada dos horas; trabaja en turnos de la extensión que tu mente considere tolerable y descansa entre ellos con actividades que te relajen; no pajarees en las redes sociales; y, sobre todo, aprovecha la nueva flexibilidad: quizás puedas ir al gimnasio a media mañana, *cuando no va nadie* (y así liberar aún más la tarde); o quizás puedas empezar a trabajar una hora antes, y recoger a l@s niñ@s a la salida de clase (y ahorrarte

---

españa#:~:text=En%20España%20el%20tiempo%20medio,trabajo%20y%20la%20vida%20personal.

[112] Hablaremos del cómo en el siguiente capítulo.

así la ruta y disfrutar de ell@s en el parque); o quizás puedas hacer las inevitables rondas de llamadas paseando por la calle. Libérate, pues, de los corsés de la oficina y, ya que por el momento no te queda más remedio, disfruta de una nueva forma de trabajar.

**3 — El postureo no funciona (a la larga).** En mi oficina una *senior manager* correteaba por los pasillos cargando con kilos de informes y el portátil, aparentando estar súper ocupada siempre, con cara de ser la única de la playa que ve el tsunami acercarse. No duró mucho. Por contraste, un compañero suyo de promoción, que nunca se sabe dónde está ni qué hace, vende al año decenas de proyectos y hoy es un ejecutivo clave para la práctica europea. Pierde el menor tiempo posible en pelotear o en buscar aliados. Enfócate en cumplir tus objetivos con excelencia y en el menor tiempo posible. Sé ambicioso, pero no brujulees. En el largo plazo, solo el trabajo honesto renta. El resto es una pérdida de tiempo. Y, si el tiempo es lo único que cuenta, perderlo es el nuevo (y único) pecado capital.

**4 — Educa a tu jefe.** Ya, suena presuntuoso, pero muchas veces es conveniente tanto para el empleado como para el superior. En definitiva, los jefes son hijos de su tiempo, y cuando llegan nuevos aires, frecuentemente el impulso para el cambio viene desde abajo. En mi segundo proyecto en Barcelona trabajé para un jefe que era un machaca. No salíamos ningún día antes de las once de la noche. Cansado, en cierto momento pregunté a las diez y media si quedaba algo pendiente. Como la respuesta fue negativa, sugerí: "Pues si no tienes inconveniente, yo voy a recoger". El pobre quedó en un estado de estupor pre—shock, porque podía ser la primera vez que alguien de su equipo plegara antes que él, pero asintió y, por supuesto, me largué. En días sucesivos fui adelantando la hora de la pregunta, hasta que en un par de semanas estaba saliendo a las ocho de la tarde, sin preguntar nada. Después, sugerí cambiar mi alojamiento en hotel por un apartamento. Aquello también fue una mini revolución, ya que no se estilaba para el tipo de proyectos en los que yo trabajaba. Pero a la empresa le resultaba más barato, así que obtuve un sí, que me permitió quedarme los fines de semana con mis amigos, ahorrar en comida y en salud y no tener que viajar con maleta todas las semanas. No te cortes en educar a tu jefe cuando lo consideres necesario, pero maneja tiempos, modos y mensajes, por supuesto, con un exquisito tacto.

**5 — Viaja lo menos posible:** Si en dos años de pandemia no se pudo y no se cayó nada, no nos engañemos: viajar no es necesario. ¿Quieres recuperar el contacto físico con clientes o equipos? Adelante, pero quizás puedas espaciar, y donde antes hacías un viaje a la semana, ahora puede ser uno al mes. Ten en cuenta que mientras viajas no trabajas y cuanto menos trabajes, más estás perdiendo el tiempo. Y eso, recuerda, es el único pecado capital.

**6 — Participa en todos los programas de compra de acciones y planes de pensiones.** Mi excompañera **Tere** utilizó el programa de compra de acciones de nuestra empresa como una forma de ahorrar: cada mes se le descontaba un 10% del sueldo y se olvidó. Cuando pasados los años quiso darse cuenta tenía un saldo de 150.000 euros acumulados. Mi empresa salió a bolsa a 12 dólares; en la fecha de redacción de este libro roza los 400. El que destinó un 10% de su sueldo a comprar acciones con un 15% de descuento, hoy en día está forrado de necesidad. Pero, ojo: métete *solo* si tu compañía tiene un perfil claro de crecimiento rentable. Nadie mejor que tú conoce dónde trabajas, si tiene perspectivas sólidas en el largo plazo y es, por tanto, un lugar donde merezca la pena invertir. Si no es el caso, abstente.

Aprovecha cualquier oportunidad de meterte en planes de pensiones incentivados, en los que por cada euro que tú pones, tu compañía aporta otro tanto, o incluso más. Es un regalo que no puedes rechazar. Si no comprendes su funcionamiento, investiga, pero no lo rechaces porque te suene a chino, ya que estarás perdiendo pasta. Respecto de cualquier otro beneficio social (cheques restaurante, gimnasio, etc), negocia con recursos humanos que te lo conviertan en *cash*; muy probablemente fuera podrás conseguir lo mismo más barato —si es que *realmente* lo necesitas—.

## HAZLO BIEN Y HAZLO SABER

Es una lección del maestro publicista Luis Bassat. No nos engañemos: el proceso de evaluación formal del desempeño en cualquier compañía puede estar revestido de todos los criterios objetivos, formales y meritocráticos que se desee, pero al final, y al menos esa ha sido mi experiencia, la decisión final es tomada por tu jefe, con percepciones puramente subjetivas. Por eso, es importante hacerlo bien y hacerlo saber. Como dice Grant Sabatier: "Si quieres ganar dinero en tu trabajo a tiempo completo, no importa lo duro que hayas currado o cuántas horas le hayas echado. Lo que más importa es la percepción de lo que vales para tu compañía (es decir, lo que tu jefe y el jefe de tu jefe piensan de ti)"[113].

Esto no quiere decir que a partir de ahora tienes que dedicarte a brujulear, aparentar o difundir virtudes y logros que no existen o vienen exagerados. Es cierto que a algunos les funciona en el corto plazo, pero, créeme, tarde o temprano caen.

---

[113] "Financial freedom", 2019

Para hacerlo saber, antes es necesario haberlo hecho bien. Sin ese presupuesto, no se llega a nada. Pero tampoco se llega a nada si después de hacerlo bien, no se hace saber: si tu jefe no es consciente de lo que hay, no te cundirá. Así que quítate de encima la vergüenza o la falsa modestia, publicita tus méritos y hazte visible. Crea esa plataforma argumental que permita a tu jefe justificar ante el suyo tu promoción o tu subida de salario. Pónselo fácil.

## EL QUE NO LLORA, NO MAMA

Una vez creada la plataforma, es hora de reclamar lo justo, a través de un aumento de sueldo o de una promoción. Respecto de lo primero, busca comparativas con salarios en tu industria y entre tus compañeros. Tantea la posibilidad que tiene tu empresa para ofrecerte más y calibra tu posibilidad real para pedir el aumento. Un ejemplo: En los tiempos de bonanza, la movilidad entre consultoras resulta sencilla, porque hay muchos proyectos; es el momento ideal para pedir aumentos de sueldo. Sin embargo, cuando los clientes empiezan a cancelar encargos porque se avecina una crisis, es mejor no significarse, porque la materia prima de la consultoría son las personas y, cuando no hay proyectos, las personas son lo primero que sobra. Investiga la situación actual de tu empresa, de tu sector, de la economía en general, y calibra si es un buen momento para exigir más.

Tantea también tu insustituibilidad. Mi amiga **Uma** trabajó de comercial durante treinta años en una pequeña compañía farmacéutica. Durante muchos de ellos se sintió mal pagada, pero aguantó porque venía de una cultura en la que pedir estaba mal visto. Sin embargo, la situación se volvió insostenible y se plantó. Sabía que las ofertas de trabajo no le iban a faltar y que una parte significativa de las ventas de la compañía las hacía ella, así que exigió una subida de sueldo. Ante la posibilidad muy cierta de que se marchara a la competencia, le subieron un 30% su variable. No permitas que tus demonios internos saboteen tu logro: si aportas valor, exige una justa compensación. Ten en cuenta que parte del trabajo de tu jefe consiste en explotar tu potencial al menor coste posible, así que reivindícate, véndete caro dentro de lo justo y lo razonable y se te concederá.

Respecto de la promoción, prepara bien tu caso. Argumenta por qué *ya* realizas las tareas del puesto al que optas. Explica por qué a tu empresa o a tu jefe le conviene no malgastar tu talento en un puesto que se te queda corto. Y ten paciencia: construye bien tus méritos, prepara tus argumentos con solidez y espera al momento adecuado. Pero tampoco pierdas el tiempo: si te ves sobre cualificado y sin recorrido interno, busca fuera.

### FUERA NO HACE MUCHO FRÍO

"Hace mucho frío ahí fuera", escuché una vez de un jefe. Daba a entender que fuera de esa empresa iba a ser muy difícil, por no decir imposible, conseguir algo mejor. ¡Qué miopía! Puedo afirmar con orgullo que en esa empresa viví la mejor experiencia laboral de mi vida; que gracias a ella soy quien soy y estoy donde estoy; y que es un gran sitio para trabajar, formarse, medrar y conseguir grandes hitos profesionales. Pero de ahí a creer que esa compañía es el único sitio para estar o que mejor que allí, difícil, hay un gran trecho. Yo mismo, ahora, estoy mejor fuera que dentro, porque he encontrado el estilo de vida que me gusta. Y de aquellos que han salido de allí y con los que he tenido contacto, casi todos se encuentran en una mejor situación personal y laboral que cuando estaban dentro. Por una razón muy sencilla: han *evolucionado*. Es cierto que algunos —los despedidos— pasaron por una crisis obligada; pero de ellos no he conocido todavía a uno que haya dado un paso atrás en su carrera. Tras unos meses de incertidumbre y de búsqueda del nuevo camino han encontrado empresas igual de retadoras o más, igual de motivantes o más, y con un plan de carrera similar o más ambicioso. Ese jefe sigue dentro, y probablemente allí se retirará. ¿Hace mal? Ni mucho menos: es su lugar. Para todos aquellos que se fueron, había dejado de serlo. Lo que no tiene sentido es permanecer donde ya no es tu lugar. Así que, si es tu caso, *prepara tu salida*.

Mi amigo **Vicente** fue director de un hotel durante 40 años, con un sueldo mejorable. Rechazó ofertas para dirigir hoteles fuera de la ciudad porque no quería perder sus raíces. Cuando vendieron el hotel, recibió una indemnización importante. El nuevo dueño sabía de la fama de su director y quiso contar con él. Le dobló su sueldo y añadió un variable sobre ventas. Vicente tuvo suerte: finalmente cobró lo justo, pero si hubiera buscado nuevos caladeros cuando tocaba, habría cobrado lo que se merecía *mucho antes*. Esta historia tiene final feliz; en otras, el trabajo se convierte en un yugo insoportable para los que merecen más pero no buscan una vía de escape.

En el extremo opuesto, tenemos a los picaflores, que saltan cada dos años, cuando se descubre en cada compañía que no pueden aportar contenido. Es asombrosa la capacidad que a veces tiene para medrar el que solo vende humo, aunque, recuerda, esas carreras no son duraderas, ni honorables. Pero, si aquellos que no tienen fondo son capaces de promocionar, tú, que sí lo tienes, puedes hacerlo con más razón. Solo tienes que estar dispuesto a intentarlo.

Pero con cabeza: recupera (o haz) tu plan de carrera; preserva en la medida de lo posible tu pasivo laboral (negocia no perder tu plan de pensiones, opciones y demás y, en la medida de lo posible, que te den parte de tu indemnización; lucha por un *signing bonus* si eres un profesional reconocido o con competencias muy demandados por el mercado); date a conocer a todos los cazatalentos que toquen tu sector (ellos están tan deseosos de conocer perfiles "vendibles" a sus clientes como tú de que te vendan); busca en herramientas de búsqueda de trabajo de calidad (LinkedIn o similar); completa tu currículum con capacidades que demanda el mercado; construye tu historia para cuando llegue el momento; sé valiente con tus aspiraciones, pero también realista; y véndete convencido (no hay mayor losa que transmitir una sensación de derrota o necesidad).

### ¿ESTÁS EN EL SECTOR CORRECTO?

Cada momento de la historia empresarial tiene su *place to be*, ese sector en el que la gente se forra trabajando apenas unos años. Suele coincidir con lo puntero del momento: en los setenta y ochenta fueron las empresas de consumo o las petroleras; en los noventa y los dos mil, la consultoría[114]; en los años diez han sido las tecnológicas. Entrabas en alguna empresa prometedora y crecías con ella y, con suerte, a un ritmo vertiginoso. En la actualidad, trabajadores de las FAAMG[115] están moviéndose

---

[114] En los años noventa y principios de los dos mil, se podía ser socio de una gran consultora en apenas doce o trece años de carrera, y ganar cientos de miles de euros al año antes de cumplir los cuarenta. Hoy la consultoría es sin duda un gran sector para trabajar, pero no es ni mucho menos la fuente de riqueza de antaño.

[115] Acrónimo de Meta (Facebook), Amazon, Apple, Microsoft y Alphabet (Google), que han sido, sin duda, hasta ahora, el *place to be*.

hacia empresas con grandes proyecciones de crecimiento, con la esperanza de que cuando salen a cotizar en bolsa, puedan trincar un buen pellizco. Se trata de trabajadores altamente cualificados, con una amplísima y aguda visión de largo plazo, que quieren seguir estando en el sitio adecuado cuando previsiblemente éste cambie. Y tú, ¿estás en el *place to be?* Ni idea, podrás contestarme. Pregúntate si los sueldos en tu sector son elevados, o si hay poco paro; pregúntate si las compañías de tu sector crecen mucho y son muy rentables, o se cree con fundamento que pueden llegar a serlo; pregúntate si lo que se vende en tu sector es muy querido por muchos, o está visto como algo muy necesario para el futuro. Si las respuestas no son un *sí* rotundo, no estás en el *place to be*. No es preocupante, pero tu carrera será más veloz y tu cuenta corriente crecerá más rápido en estos lugares, así que estás planteándote cambiar de trabajo, considera además dar este virtuoso salto.[116]

## TALENTO, SUERTE Y APELLIDO

Luis Diéguez recoge en su magnífico manual para cambiar de trabajo[117] los tres requisitos que su profesor de estrategia en el IESE enumeró para triunfar en la vida profesional: talento, apellido y suerte. Si no logras cambiar de trabajo es porque probablemente te falten dos de tres. Respecto de la suerte, no te preocupes: la fortuna sonríe a los valientes. Será mera cuestión de tiempo.

---

[116] No valen las excusas de la falta de cualificación. En Amazon, por ejemplo, puedes empezar como mozo de almacén y subir hasta el infinito. Es verdad que los expedientes brillantes abren más puertas, pero la falta de ellos no las cierra todas. Las empresas buscan el talento y las ganas de trabajar duro más que un listado infinito de másteres.
[117] "Be stone, my friend", Luis Diéguez, 2021.

Entiéndase por talento, según el mismo Luis Diéguez, nuestras capacidades, bondades, conocimientos y habilidades que poseemos para desarrollar un trabajo concreto. No son, a mi entender[118], un don innato, sino adquirido o, como mínimo, entrenable. Para Grant Sabatier, "nuestras capacidades son la moneda del futuro: cuantas más desarrollemos hoy, más valiosos seremos mañana y más dinero nos proporcionarán". Conocí en el trabajo a un *senior manager* cuya carrera estaba estancada en pequeños proyectos de CRM[119], sin apenas visibilidad. Apostó entonces por especializarse en servicios de optimización web, en una época en la que lo digital apenas despuntaba. Hoy es socio, vende millones de euros y es reconocido en la firma a nivel mundial. En un mundo que duplica su conocimiento cada siete años, tu currículum vale únicamente lo que has sido los tres últimos años, así que formarse y adquirir habilidades no solo es una oportunidad, sino también una necesidad. Si te ves estancado, no pierdas el tiempo: identifica qué capacidades debes desarrollar, tanto de conocimiento, como *soft skills*, traza un plan y ponte manos a la obra.

Es cierto que la formación es exigente: requiere de mucho tiempo y dinero. Por eso, debes escoger con acierto la que realmente te conviene. Descarta el formarte por formarte. Conozco gente que acumula másteres mientras encuentra un trabajo: gran pérdida de tiempo. Define tu propio plan de formación, con un propósito, unas etapas y un presupuesto. Investiga dónde debes formarte y no pagues porque sí: hay recursos gratuitos a tu alcance. Yo, por ejemplo, me he certificado

---

[118] Sobre si se nace o se hace, ya corren ríos de tinta. Recojo simplemente mi opinión.
[119] Customer Relationship Management. Desarrollaba centros de servicio al cliente, básicamente.

como asesor financiero ante la CNMV con un programa del Servicio Estatal de Empleo, gratis. Tira también de los recursos de tu empresa: con frecuencia l@s de recursos humanos no saben en qué gastar el último euro de su presupuesto. Convéncel@s para que te paguen un máster o, que lo financien en parte. Y mantente siempre en la pomada digital: hoy, el que no se sabe al dedillo las curvas de Gartner, no es nadie[120].

Luis Diéguez explica a qué se refería su profesor con lo de *tener apellido* de la siguiente manera: "López Cardenete nos hizo la siguiente pregunta: '¿Verdad que tendrían ustedes mejor acceso al mundo profesional si su apellido fuera Botín?'. Y él mismo la contestó: 'Pues si no tienen un apellido ilustre, créenlo ustedes haciendo su propia red de contactos'. Si trabajas en un sector concreto, en pocos años acabarás conociendo el ecosistema completo, tanto las empresas competidoras, como a los proveedores y a los principales clientes. Los empleados de esas compañías deberán conocer y confiar en tu apellido o marca personal para cuando necesites un nuevo empleo". Tener una buena red de contactos es esencial si estás pensando en encontrar empleo. Téjela, mímala con altruismo, dedica tiempo desinteresado a tus contactos y comparte tu conocimiento, tu interés y tu tiempo. La generosidad renta; el *do ut des*, no. Mi experiencia me ha demostrado que invertir desinteresadamente tiempo, conocimiento o amistad entre tus contactos es el camino para encontrar empleo cuando lo necesites. Pero no solo eso: somos personas antes que profesionales y nos sentimos mejor dando que pidiendo, aunque la sociedad de consumo se empeñe en afirmar lo contrario. Revisa tu red de contactos, hoy, y si no es

---

[120] Exagero, lógicamente, aunque es cierto que quien no esté actualizado en cuestiones de tecnología, tiene poco que hacer en el mercado laboral. www.gartner.es/es/metodologias/hype-cycle

lo suficientemente mullida y robusta como para abrir vías hacia un nuevo trabajo, reflexiona y busca maneras para mejorarla bajo ese prisma de entrega desinteresada.

Talento y apellido es igual a éxito para Luis Diéguez. "Skills + network = money"[121], para Grant Sabatier. No te digo más: Si no tienes un *plan de carrera*, hazlo ya. Te será absolutamente necesario hasta que te retires. Te permitirá saber a dónde necesitas llegar y cómo vas a conseguirlo. Documenta en él tus aspiraciones profesionales, los pasos que tienes que dar y los requisitos en términos de formación y de red de contactos. Ya sabes lo importante que es tener un plan. Si por ahora tienes que trabajar, tu plan de carrera te iluminará los pasos a dar para ascender y ganar más.

### PERO PACIENCIA

No nos engañemos: esto de las subidas de sueldo y de promocionar toma su tiempo. Si bien es cierto que un recorte de costes satisfactorio puede alcanzarse en el corto plazo, que tu sueldo brille como merece, o alcanzar el culmen de tu plan de carrera es un recorrido de años a todas luces, así que no es el momento de venirse arriba, o de desesperanzarse: diseña y ejecuta tu plan de carrera y poco a poco, cuando tus *skills*, tu red de contactos se fortalezca y las ocasiones sean propicias, ganarás más y ascenderás. Tan solo recuerda que la suerte sonríe a los audaces: sé valiente y muévete, y los resultados vendrán. Dando los pasos correctos, tu objetivo de hacer crecer tu nómina entre un 20% y un 30% no debe parecer, bien armado tu plan de carrera, descabellado. De hecho, deberías aspirar a mucho más.

---

[121] Habilidades + red de contactos = pasta, que viene a ser lo mismo que preconiza Luis Diéguez.

Sí verás antes los frutos de haber mejorado tu forma de trabajar. En breve, habrás automatizado, racionalizado y delegado. Con un poco de suerte, teletrabajarás y reducirás drásticamente tu coste de trabajar. Habrás educado a tu jefe y viajarás lo menos posible. Y, eficiente y a distancia, dispondrás de una cantidad de tiempo libre —y remunerado— que podrás dedicar a obtener *ingresos alternativos*.

# VII
# LAZARILLO DE TORMES

"Cada día trae nuevas oportunidades"
Martha Beck

"El verdadero viaje del descubrimiento no consiste en buscar nuevos paisajes, sino en tener nuevos ojos"
Marcel Proust

"Todo es posible. Lo imposible simplemente toma más tiempo"
Dan Brown

FORMAS DISTINTAS DE HACER DINERO

Mi amigo **Washington** recupera muebles de la basura, los restaura y los vende por Wallapop. Mi amigo **Ximo** alquila cuatro de las cinco habitaciones de su casa en West Hollywood, Los Ángeles, y completa sus ingresos como conductor de Uber[122]. Mi amigo **Yeray**, empleado de Google, compra pieles de vaca en un pueblo de Colombia que conoció haciendo turismo, y las revende como alfombras en Amazon Canadá por cuarenta veces su coste; además, posee dos *cabins*[123] en los bosques de Quebec, que alquila casi todos los fines de semana. Mi amiga **Zulema**, exbanquera privada, paga su chalé en Torremolinos alquilando

---

[122] En el mercado americano no es necesario tener una licencia VTC; basta con disponer de un coche y tiempo libre para poder trabajar en Uber.
[123] Traducido literalmente como "cabañas", son casas de campo unifamiliares de doscientos metros cuadrados, rodeadas de bosque canadiense, ideales para alejarse del mundanal ruido en cualquier época del año.

sus habitaciones por Airbnb. Mi amigo **Alberto**, profesor de *mindfulness*, cuida los perros de amigos y conocidos cuando se van de viaje. Mi amigo **Bartolo** es *senior manager* en una consultora estratégica, profesor de transformación digital en el Instituto de Empresa, escritor de novelas tecnofuturistas y promotor inmobiliario. Trabajando los fines de semana en el guardarropa de una discoteca gané de adolescente más que cuando comencé a trabajar como auditor.

Hay miles de oportunidades ahí fuera para que completemos nuestro sueldo y podamos retirarnos cuanto antes. Sin embargo, nos armamos de excusas para no ponernos manos a la obra.

### EXCUSA NÚMERO 1: NO ME DA LA VIDA

Mi monitor de *fitness* suele oír a sus nuevos clientes la disculpa de la falta de tiempo, pero su réplica es incontestable: "Yo solo te pido el 2% de tu tiempo[124], no me digas que no me lo vas a dar". El que abandona el gimnasio, después, no es por su agenda, sino por la razón primigenia: la falta de voluntad.

Estamos rodeados de robadores de tiempo. Ya conoces el influjo pernicioso de las redes sociales: sus algoritmos están diseñados para retenerte el mayor número de horas posibles porque cuanto más te enganchen, más ganan con su publicidad. Tienes la sensación de que no te da la vida porque estás muy liad@, pero indaga: ¿cuántas horas *al día* consumes WhatsApp, TikTok, Twitter, Facebook, Twitch, Tinder, YouTube o Instagram? Consúltalo en *Tiempo de uso* (iPhone) o *Bienestar digital* (Android): Muy probablemente te sorprenderás. ¿Cuánto

---

[124] Cuatro sesiones de una hora a la semana.

dedicas a tu PlayStation, tu Xbox, o a tu Nintendo Switch? ¿Y cuánta televisión? De media, un español consume siete horas internet y televisión *diarias*[125], casi una jornada laboral que se nos escapa de las manos. Entregamos al sistema ocho horas en trabajo y siete en publicidad: quince horas al día de comportamiento esclavo y, ¿cuánto tiempo nos queda para lo que de verdad importa? Ya lo sabes: poco, o nada. No es que *no tengamos* tiempo, es que lo *regalamos*.

Si en tu plan de carrera has ordenado tu vida laboral y te has librado de los robadores de tiempo profesionales — reuniones improductivas, brujuleos, horas de café, compañeros que se aburren y demás—, ahora toca meterle mano a tu vida personal y cambiar esos hábitos inconscientes que diluyen tu bien más preciado. Tu tiempo es demasiado valioso como para perderlo en *scrolls* infinitos. Recupera tu tabla de dedicación de tiempos y pregúntate: ¿qué sobra? Quizás puedas ver algo menos la tele en la noche y despertarte antes; quizás no necesites tanto tiempo para desperezarte en las mañanas; quizás puedas poner limitaciones de tiempo de uso de determinadas aplicaciones; quizás puedas, incluso, desinstalarlas. Recupera el control consciente de tu tiempo auditando tu día a día. Revisa a qué dedicas, en realidad, tu tiempo, sin la percepción subjetiva de que vas siempre desbordad@, sino con una nueva visión crítica y objetiva, de cronómetro en mano, y descubrirás que probablemente dispongas de multitud de tiempos muertos que puedes aprovechar. En "Mientras escribo", Stephen King recomienda maneras para encontrar momentos para leer. Uno me llamó la atención: la bicicleta estática. Decidí imitarlo, y ahora leo en los descansos entre series cuando estoy en el gimnasio.

---

[125] ipmark.com/wp-content/uploads/Marco-General-de-los-Medios-en-Espana-2022-AIMC.pdf

Ello me ha permitido leer un libro más al mes —doce libros al año—, aprovechando esos minutos entre series en los que, generalmente, o cacharreas en el móvil o miras a las musarañas. *Casi todos* los viajeros de metro van pegados a sus pantallas. *Casi todos* los pacientes en las salas de espera. *Casi todos* aquellos que esperan a los tardones. *Casi todos* en el gimnasio, en las colas, en el váter, en los semáforos, en las escaleras mecánicas y *algunos*, incluso, caminando por las calles. Las pantallas han anulado nuestra capacidad para aprovechar los pequeños tiempos muertos. ¿Necesitas cargar tu móvil más de una vez al día? Apágalo. Ahí tienes tu oportunidad.

Por supuesto, es imprescindible un cambio de mentalidad para la asunción voluntaria y optimista del esfuerzo. Los ingresos alternativos requieren de tiempo y energía. Si poniendo orden, eficiencia y rigor has conseguido liberar tiempo de tu jornada laboral, enhorabuena: podrás dedicarlo a generar ingresos alternativos. Si no, el esfuerzo que se sobrepondrá al del trabajo principal en un suma y sigue que te resultará agotador si lo ves como un sacrificio. Yo lo veo como un motivador: los ingresos alternativos reducen los años que te quedan para cumplir tu objetivo y retirarte. Hoy, ese extra de horas dedicadas a ganar más dinero, esos huecos aprovechados del pajareo, la distracción o el pretendido descanso, *merecen la pena:* cada hora dedicada se convertirá, a quince años vista, en días de descanso. Así que esto va de elegir: vegetar en el sofá, o construir un mañana.

## EXCUSA NÚMERO 2: ES QUE NO SE ME OCURRE NADA

Desde que se inventó internet, esta es, de todas, la excusa más *vintage*. Hay cientos de blogs, cuentas de Instagram, Twitter y Tiktok, e-books, seminarios gratuitos, Google sheets y canales de YouTube sobre ingresos alternativos, ingresos residuales, ingresos pasivos o *side hustles*, en los que puedes indagar. Pero no solo en internet: las ideas aguardan en las bibliotecas, en tu casa o en la calle. Las oportunidades *existen*, pero quizás ahora no las ves. Aprende a identificarlas. Despierta, conecta tu radar, estate atento. Apaga los distractores y enciende el cerebro. Como cuando te quedas embarazada y empiezas a ver embarazadas por todas partes, los ingresos alternativos también están ahí: tan solo tienes que aprender a encontrarlos. Cree que puedes, porque el peor enemigo de la creatividad es la duda de uno mismo[126]. Observa la realidad con ojos nuevos de emprendedor. Escruta en tu vida cotidiana, con curiosidad y un genuino interés por comprender las necesidades de los demás. Apunta cualquier idea en una libreta o en tu *aplicación* de notas para crear una lista de posibles ingresos alternativos que, después, cribarás.

Quizás puedas empezar por monetizar tu experiencia o tus aficiones. Así, al hacer lo que te gusta, no te importará "trabajar" o dejar de emplear tiempo en socializar, descansar, ver la tele o salir de marcha. Mi amigo Hipo, el policía que ahorra para tener un hijo por gestación subrogada, fue desarrollador web antes de sacarse la oposición; ahora está desarrollando una aplicación para ayudar a los aspirantes a policía con los tests del examen teórico. Sabe que hay una necesidad —aprobar la prueba

---

[126] Sylvia Plath.

de conocimientos teóricos— y sabe programar; y en ello anda. Mi amiga **Charo** es profesora de derecho administrativo y realiza evaluaciones ciegas de artículos para revistas especializadas. Mi amiga **Dori**, amante de los gatos, ha creado un refugio para mininos con leucemia, que se autofinancia a través de una excelente estrategia de concienciación en las redes sociales. Mi amigo **Esteban** es también desarrollador web, y en sus ratos libres crea páginas web especializadas de venta de productos a través de Amazon: con la web atrae tráfico de, pongamos, amantes de los juguetes sexuales, y de ahí los deriva a Amazon, que le retribuye a través de su programa Amazon Affiliates[127].

Una buena manera de empezar es apuntarte a las páginas de *gigs*, que son plataformas que permiten generar ingresos extra con oficios o profesiones. Malt, por ejemplo, está enfocada a *freelances* digitales y de negocio; TaskRabbit o Zaask, a profesiones manuales; FamiliaFacil o Sitly, para trabajos relacionados con el cuidado de niños, mayores y el hogar. En el mundo anglosajón hay cada vez más portales especializados: académicos (Skillshare, Preply, Sharing academy, Wuolah, Tutellus), deportivos (Coachup), de tratamientos de belleza, estética o peluquería (Swipecast), cuidado de mascotas (DogVacay o DogBuddy) o incluso de micro tareas sin ninguna especialización si resulta que —crees que— no sabes hacer nada (Amazon mechanical turk, o Crowdflowder)[128]. En España, poco a poco, llegarán.

---

[127] El Programa de Afiliados de Amazon es un programa de marketing de afiliación que permite a las páginas web crear enlaces y ganar comisiones por cualquier venta generada a través de estos enlaces. Fuente: afiliados.amazon.es.

[128] Fuente: "La revolución de la economía colaborativa", Jacques Bulchand y Santiago Melián.

Busca oportunidades que te den un *margen de beneficios muy amplio*. Es decir, que te obliguen a incurrir en pocos costes (o ninguno, si la materia prima son tu cabeza o tus manos) y que sean variables (se dan solo cuando ya hay una venta). Mi amigo **Fernando** ha creado una aplicación que permite a los dueños de los bares controlar el contenido que emiten en sus pantallas digitales y, además, les permite recopilar datos estadísticos y anónimos de la clientela que se conecta a su wifi. Los bares pagan una suscripción mensual, lo cual proporciona a mi amigo Fernando unos ingresos recurrentes, con unos costes variables mínimos de mantenimiento del sistema. Así pues, poca inversión y empezar por lo pequeño. No te quedes entrampado con costes fijos, que van comiendo tu beneficio, tu paciencia y tu sueño reparador. Un ejemplo de ingreso alternativo sin costes fijos es la venta y distribución de productos o servicios. Si eres buen comercial y tienes una buena red de contactos, puedes vender productos cosméticos, seguros o, incluso, servicios como cursos de mejora de habilidades de comunicación a través de la realidad virtual. Por cada venta que generas, te llevarás un porcentaje, sin más coste por tu parte que el tiempo empleado en la prospección comercial y la venta. Y el margen de beneficio es del 100%

Pero sé *realista* con tus aspiraciones. Mi amigo **Guilherme** quiso poner en marcha una aplicación para ofrecer información turística sobre Madrid a los visitantes brasileños. Era muy buena idea, tanto que años después Google lo puso en marcha a escala mundial con el servicio de reseñas y lugares de interés, pero mi amigo falló porque él no tenía lo que Google sí: unos recursos abrumadores para hacer los desarrollos, una comunidad de cientos de millones de personas que para crear contenido y un gigantesco canal comercial para darse a conocer. Así, empleó tres meses desarrollando una miniaplicación y grabando audios, que nadie escuchó. Una pena.

Analiza el potencial real de tu idea antes de meterte en líos. Planificar ayuda mucho[129] a centrar el tiro, pero, sobre todo, a descartar lo inviable. Fíjate sobre todo en la futura demanda de lo que vas a vender. Si vas a usar un entorno colaborativo, ten en cuenta que las principales motivaciones de compra son la comodidad y el ahorro de tiempo o dinero, así como conocer gente, la sostenibilidad y los beneficios para la sociedad[130]. Analiza también a la posible competencia y tu capacidad real para poder quitarles negocio. Y sé objetivo: puede que a ti algo te apasione, pero eso no necesariamente supone que haya un número suficiente de apasionados clientes que requieran de tus servicios.

Muy importante: Desecha todo aquello que tenga pinta de no funcionar, porque no funcionará *seguro*. No quiero desanimarte, pero si lo que tiene pinta de funcionar tiene bastantes posibilidades de fracasar (al menos en el primer intento) imagínate lo que ya encuentres peros. Olvídate y busca otra cosa. Repite el proceso las veces que sea necesario porque es mejor emplear tiempo ahora en buscar la idea correcta que en estrellarse después, cuando hayas metido dinero y un pedacito de tu vida en ello.

Una vez que tengas tu idea perfilada, pruébala. Haz un test AB[131], o una pequeña inversión en *Google adwords*, anúnciate en Wallapop u ofrece tus servicios de forma gratuita en tu

---

[129] Cómo si no.
[130] Fuente: "La revolución de la economía colaborativa", Jacques Bulchand y Santiago Melián.
[131] Pruebas de versiones diferentes.

entorno FFF[132] a cambio de una opinión sincera. Todo antes de que te hayas invertido un euro. Si la cosa parece que funciona, sigue adelante y encuentra tus primeros clientes. No te desanimes al principio: En Reino Unido, el 21% de las personas han intentado trabajar en portales de economía colaborativa, pero solo el 3% consigue hacerlo regularmente[133]. Por eso es importante acertar con lo que se ofrece y, cuando tengas tus primeros clientes, *no fallar*. Si lo haces bien, pronto el boca a oreja te traerá más ingresos. Hace un par de años, encontré en Zaask a mi amigo **Héctor**, maravilloso manitas, y desde entonces le confío todas las chapuzas en casa que yo no soy capaz de arreglar y lo recomiendo a mis amigos. Y recuerda: si lo haces bien, hazlo saber. En este caso, logra que tus clientes te dejen valoraciones positivas, porque será el criterio de elección para cuatro de cada cinco de tus futuros clientes[134].

Cuando tengas un volumen importante de negocio, deberás plantearte automatizar o delegar para poder crecer. Mi amiga **Inma** vende abalorios artesanales a través de internet. La idea es genial, y funciona, pero tiene un límite: su misma capacidad de producción. Ella está encantada, es cierto, porque no es más que una afición y, si es tu caso, parece una opción perfectamente válida. Pero si aspiras a vender lo máximo posible, debes automatizar o delegar, es decir, que tu trabajo sea hecho por las máquinas o por otros. Así hizo mi amigo **Jero**, que

---

[132] Family, friends and fools.
[133] Fuente: "La revolución de la economía colaborativa", Jacques Bulchand y Santiago Melián
[134] Las valoraciones de los consumidores es el aspecto más importante a la hora de decidir dónde comprar o contratar un servicio para el 79 % de los consultados en el estudio que la consultora eXprimeNet realizó en mayo de 2022. www.e-xprimenet.com/estudio-sobre-el-comportamiento-del-usuario-frente-a-la-publicidad-online/

creó una página de reserva de vuelos y hoteles, que se engancha automáticamente a Amadeus y le proporciona unos ingresos recurrentes sin más trabajo que atender personalmente las escasas incidencias que surgen en las estancias. A mi amiga **Karmele** se le presentó la oportunidad de intermediar en la venta de una gasolinera. Pronto encontró inversores en su red de contactos y, con su comisión, ella misma se metió también como inversora. Así, se convirtió en dueña de una gasolinera y recibe ingresos en forma de dividendos dos veces al año.

En fin, que se puede, pero si todavía crees que todo esto va a suponer mucho esfuerzo, también puedes seguir un *camino paralelo* para conseguir ingresos alternativos sin dar palo al agua. Pero primero hablemos de los dos caminos que —definitivamente— no te darán un euro.

### EL PRIMERO QUE NO

Desengáñate: ser *influencer de verdad* está al alcance de pocos. Las redes son un canal ideal para captar clientes y posicionarte como experto en tu campo, pero ahí acaba todo. Casi nadie monetiza las poses cuidadas y la piel bronceada. Mi amiga **Loló** es actriz y tiene medio millón de seguidores en Instagram. Por supuesto que tiene patrocinadores y consigue ingresos del canal, pero ese público no ha surgido porque sí, sino fruto de un excelente trabajo delante de las cámaras y en las tablas. Generar contenido de calidad requiere de grandes conocimientos temáticos y técnicos, un esfuerzo prolongado y sostenido en el tiempo y una gran dosis de suerte. Si no eres experto en redes sociales y no puedes ofrecer algo *realmente diferencial,* no te metas. Soy consciente de que no creer en el poder monetizador de las redes sociales me convierte en una especie de troglodita aguafiestas, pero estoy convencido de que, para la mayoría de los mortales, jugar a *influencer* es una gran pérdida de tiempo. Tengo amigos con decenas de miles de seguidores que apenas consiguen unos euros al mes y las áreas de marketing de las empresas cada vez desconfían más del poder real de los *influencers* para incitar a la compra[135]. La promesa de hacerse rico es, de nuevo, un engaño flagrante del Sistema para que crees contenido de forma gratuita. Es verdad que puedes forrarte en TikTok o en Instagram, como *gamer* o como *trendsetter*, pero lograrlo es extraordinariamente complicado y de los tres componentes para el éxito (talento, apellido y suerte), el más importante, si no el único, es el tercero. Si crees, aun así, que debes intentarlo, te recomiendo que encuentres un nicho y lo explotes. Por ejemplo, hay *bookstagrammers* que cuentan alguna decena de miles de seguidores y colaboran con escritores y editoriales escribiendo reseñas de libros, por las cuales cobran. Si te gusta leer, es una —remota— posibilidad.

EL SEGUNDO QUE NO

No confíes, en general, en los que te enseñan cómo ganar pasta, porque generalmente es como *ellos* ganan dinero. En el mercado hay miles de ejemplos de gurús que se han hecho ricos con métodos infalibles para conseguir dinero de forma sencilla y rápida y sin apenas inversión, que, generosamente, comparten su secreto con los demás. ¿Suena razonable que el que puede dedicar su tiempo a forrarse, lo emplee en enseñar a otros? Podría ser, si no hubiera unos honorarios asociados. Pero desde

---

[135] Según un estudio de eXprimeNet tan solo el 2% de los encuestados confía en los influencers a la hora de decidir dónde comprar o contratar un servicio online.

el momento en el que esas almas nobles *cobran* por enseñarte, ya sabes dónde está el negocio. A algunos se les ve a la legua:

Pero hay que tener más ojo con los que parecen profesionales:

Te enseñamos en directo paso a paso en 7 días las estrategias de trading con las que Enrique gana miles de euros a diario.

Para identificarlos, fíjate en lo que te ofrecen: 1) Mucho dinero (miles de euros a diario); 2) Rápido (7 días); 3) Fácil (paso a paso). Es *imposible* conseguir mucho dinero, rápidamente y fácil. No esperes de una aproximación comercial insincera unos resultados fiables. Dicho en cristiano: desconfía de los vendemotos.

### Y EL CAMINO QUE, DEFINITIVAMENTE, SÍ

*Rentabilizar tus propiedades*. Es decir, conseguir que, en lugar de ser una fuente exclusiva de gastos, te aporten ingresos adicionales. Gracias a Airbnb podrás conseguir que tu segunda residencia se pague sola; si tu segunda residencia es el colmo del lujo, tienes Finestay. No te preocupes si estás muy liado: hay empresas que se encargan de las reservas, entradas, salidas y limpiezas y tú solo tienes que facturar. Si eres un tipo sociable, con Blablacar conducirás acompañado, y ganarás pasta. En mis viajes, he conocido a multitud de anfitriones que pagan su hipoteca alquilando una habitación de su casa. Si quieres alquilar tu coche los días que no vas a utilizarlo, tienes Socialcar, GetAround o Ridelink; o tu caravana, en Freecaravan, y Yescapa. Puedes rentabilizar también tu yate a través de Click&Boat o Barcoamigo. Puedes *alquilar* esas prendas que no usas en Meloprestas o Jointy. Y alquilar por horas tu plaza de garaje, cuando está vacía, en Garage Scanner. Pero no solo puedes alquilar: también puedes intercambiar en Intercambiodecasas, Homexchange, Haztruequing o Peopleinthenet. Las posibilidades de monetizar las propiedades que no forman parte de tu patrimonio inversor son, como ves, amplísimas.

Es cierto que requiere de un cambio de mentalidad y de superar la resistencia inicial a que un extraño use lo tuyo. Pero veamos cuál es la recompensa. Por motivos laborales, mi amiga **Menchu** viaja todas los jueves de Salamanca a Madrid a primera hora de la mañana, y vuelve los domingos por la noche a Salamanca. Si aceptara acompañantes de Blablacar, en 6 años conseguiría 14.275 euros[136] y su coche le saldría *gratis*. Mi amiga **Noelia** alquila su segunda residencia en Vera (Almería); con lo que saca en los meses de verano, financia la hipoteca y los gastos

---

[136] Asumiendo que necesita viajar unas 40 semanas al año, tiene 2 acompañantes por trayecto, a los que cobra 12 euros, e invierte razonablemente bien (8%, con impuestos del 23%) el dinero que ahorra de esta manera. El valor futuro a 6 años de esta serie de rendimientos con estas hipótesis es 14.275 €.

de comunidad e impuestos de *todo el año,* es decir, con el alquiler su segunda residencia no le cuesta nada. Pongámoslo todo junto: supongamos que alquilas una habitación de tu casa y tu segunda residencia cuando no la usas, que alquilas tu garaje cuando estás trabajando, alquilas tu coche los findes que no lo usas y alquilas tu ropa de fiesta tres o cuatro veces al año. En quince años, bien invertido, habrás acumulado más de **250.000 euros**[137]. *Sin dar un palo al agua.*

## AHORRAR LO QUE GANES

Recapitulando: tanto dentro del trabajo como fuera, has logrado deshacerte de los robadores de tiempo, y ahora dispones de más de esa materia prima esencial con la que aumentar tu patrimonio inversor para poder cumplir tu objetivo pasión *antes*; te has puesto las gafas de emprendedor para mirar la vida, y estás en el proceso de identificar ingresos alternativos a tu trabajo, monetizando tus aficiones o aquello que sabes hacer especialmente bien y, como harás lo que te gusta, probablemente no te cueste renunciar al sofá o a los *reels* o a las series de Marvel; al mismo tiempo, vas a utilizar tus activos como los ricos, para que trabajen por ti. Así, irás poco a poco obteniendo unas fuentes de ingresos alternativos a tu nómina, que —importante— deberás ahorrar e invertir.

Mi amigo **Owen** realiza trabajos puntuales como freelance de consultoría digital y gasta lo ganado en ropa. Es una elección tan legítima como cualquier otra, pero recuerda: si, en tu caso,

---

[137] Con 400 euros al mes por la habitación, 60 por el garaje, 100 por el coche, 50 por la ropa y 300 por la segunda residencia (nueve meses al año), así como un rendimiento del 8% anual e impuestos del 23%.

gastas lo que ganas, te alejarás de cumplir tu objetivo en un tiempo razonable.

Es perfectamente posible, con dedicación y constancia, y cambiando nuestra aproximación al concepto de propiedad y de la intimidad, aumentar nuestros ingresos totales a través de los ingresos alternativos, entre un 20% y un 30% y de esta manera reducir drásticamente el tiempo que te queda para retirarte.

# VIII
# I GOT THE MOVES LIKE BUFFET

"I don't even try to control you.
Look into my eyes and I'll own you.
You with the moves like jagger
I got the moves like jagger.
I got the mo—o—o—o—o—o—ves like jagger"
Maroon 5

"Un inversor que tiene todas las respuestas
ni siquiera entiende las preguntas"
John Templeton

"La inversión es un negocio a largo plazo
donde la paciencia marca la rentabilidad"
Francisco García Paramés

## UNA DE MARVEL

Tu yo en el universo 616 del multiverso pesa cien kilos y mide metro noventa. Estás hecho un toro, pero tu aversión a la sangre te ha dejado KO en el suelo de la sala de partos, y como la doctora y las enfermeras andan liadas trayendo a tu hijo al mundo, ahí te han dejado, abandonado a tu suerte en un escorzo patético. Despiertas cuando no queda nadie en la sala. Encuentras tu móvil bajo la cama de partos y sales al pasillo. "Ay, ¡el padre!", se lamenta una enfermera al verte entumecido y desorientado, "¡que se nos olvidó dentro!". Y se vuelca en atenciones ruidosas mientras te guía a la habitación donde descansa lo que queda de tu mujer. Entras con cuidado, como pidiendo perdón por haber existido tan mal en un momento tan clave, y no sabes muy bien si toca despertarla, o quedarte ahí, plantado, purgando tu pecado con una vela abnegada. Pero, al acercarte a ella, ves por primera vez a tu hijo, aovillado en la cuna, y tu mundo se transforma para siempre. Oh, qué pequeño es, piensas. Tu mano cubre su cuerpo entero y sientes un amor infinito. Al contacto, él se agita en sueños y el roce de su movimiento inicia el viaje que nunca terminará: Lo querrás, lo protegerás, lo guiarás y le darás todo lo que necesite. Entonces, tu mujer despierta y al gruñir jode un poco la magia, pero está cargada de razón y corres a disculparte.

Cinco días después, abres una cuenta de ahorro júnior y durante dieciocho años, en secreto, ingresas 50 euros al mes, para que cuando *él* pueda conducir disponga de 10.800 euros para su primer coche. Al soplar las velas de su mayoría de edad, le enseñas el saldo online de su cuenta recién descubierta y le anuncias, orgulloso: "Toma, hijo, para que conduzcas lo antes posible". Y él lo agradece con ternura, pero notas en su mirada condescendiente una desilusión preocupante.

En el universo 7.043 del multiverso eres igual de grande y de ganso ante la sangre que en el 616, así que no te has librado de hacer el ridículo durante el parto. Cinco días después, has abierto una cuenta de *inversión* para que el chaval se compre un coche y ligue como el que más, y has *invertido* 50 euros mes a mes en renta variable americana. Cuando en su cumple proclamas: "Toma, hijo, para que conduzcas lo antes posible" y le has mostrado el saldo de la cuenta, el nuevo adulto te ha abrazado y, por primera vez desde la adolescencia, te ha comido a besos, excitado hasta el paroxismo.

Por algún giro de guion perfectamente explicable, el doctor Strange te ha llevado del multiverso 616 a esa escena de exaltado amor filial en el multiverso 7.043. Allí, te preguntas qué demonios habrá hecho esa otra versión de ti mismo para que el niño trote tan contento. El doctor Strange, que es el Hechicero Supremo, lee tu mente y te responde: "Esa versión de ti domina la Magia del Interés Compuesto; tú, no". Y como te ve con cara de no entender nada, y él es parco en palabras, te impele: "Vuelve a tu universo y sigue leyendo."

## LA MAGIA DEL INTERÉS COMPUESTO

En el universo 616, tú eres *ahorrador*; tu yo del otro universo es *inversor*.

Los dos aportasteis 600 euros durante el año, pero, con una rentabilidad bruta del 8 %[138], su cuenta de *inversión* reflejó un saldo de 637 euros a fin de ejercicio, mientras, tu cuenta de *ahorro* se quedó en 600 euros.

En el segundo año, tu yo inversor aportó 600 euros más y **reinvirtió** los 637 euros del año anterior. Así, al final del segundo año su cuenta de *inversión* tenía un saldo de 1.313 euros, frente a los 1.200 euros de tu cuenta de *ahorro*.

En el año 3, tu yo inversor acumuló 2.031 euros frente a los 1.800 de tu yo ahorrador.

Y así sucesivamente, como se refleja en la siguiente tabla:

---

[138] Que después de unos impuestos de, pongamos, el 23 %, se queda en un 6,2 %.

## La cuenta de inversión de tu yo inversor

| Año | Aportación anual | Intereses del año | Saldo a final del año |
|---|---|---|---|
| 1 | 600€ | 37€ | 637 € |
| 2 | 600€ | 76€ | 1.313 € |
| 3 | 600€ | 118€ | 2.031 € |
| 4 | 600€ | 162€ | 2.793 € |
| 5 | 600€ | 209€ | 3.602 € |
| 6 | 600€ | 259€ | 4.461 € |
| 7 | 600€ | 312€ | 5.373 € |
| 8 | 600€ | 368€ | 6.341 € |
| 9 | 600€ | 428€ | 7.368 € |
| 10 | 600€ | 491€ | 8.459 € |
| 11 | 600€ | 558€ | 9.617 € |
| 12 | 600€ | 629€ | 10.846 € |
| 13 | 600€ | 705€ | 12.151 € |
| 14 | 600€ | 785€ | 13.537 € |
| 15 | 600€ | 871€ | 15.008 € |
| 16 | 600€ | 961€ | 16.569 € |
| 17 | 600€ | 1.058€ | 18.227 € |
| 18 | 600€ | 1.160€ | 19.987 € |

Fíjate que, a partir del año 10, los intereses generados comenzaron a ser superiores a tu aportación de 600 euros. Y que, en el año 18, los intereses duplicaron a la aportación de 600 euros. Ahí tienes la magia del interés compuesto: al **reinvertir lo ganado,** *las ganancias se multiplican exponencialmente.* Así, el hijo de tu yo inversor recibió casi 20.000 euros, mientras que el de tu yo ahorrador recibió casi *la mitad.* Comprenderás, por tanto, la alegría del hijo de tu yo inversor.

Parece más extraña la reacción del hijo de tu yo ahorrador. Al fin y al cabo, con 10.800 euros uno perfectamente puede comprar un coche, siquiera modesto.

La razón está también en el interés compuesto: su magia tiene, como todos los poderes, un revés tenebroso y actúa de forma perversa cuando el dinero se deprecia. Como sabes, a causa de la *inflación*, un euro de mañana vale, desgraciadamente, menos que uno de hoy. Así, con una inflación del 3% anual, los 10.800 € que entregaste a tu hijo pasados 18 años son equivalentes a 6.300 € de hoy[139]. La inflación *se comió casi la mitad del valor* de sus ahorros. Así, tu hijo vio que, con los precios de su época, mal coche nuevo iba a poder comprar, y que tendría que conformarse con un cuatro latas de segunda mano. Por eso agradeció el gesto, pero no pudo ir a más.

Así es el interés compuesto. Para Einstein, "la octava maravilla del mundo. El que lo comprende, se beneficia de él; el que no, lo paga."

## AHORRAR ES DE COBARDES

Ahorrar es la premisa absolutamente necesaria para que cumplas tu objetivo y puedas retirarte en un tiempo razonable. Has reducido tus gastos hasta el límite de lo suficiente, sin reducir tu calidad de vida; has racionalizado tu forma de trabajar y has trazado un plan para cobrar más y ser promocionado; al tiempo, ya estás ojo avizor para encontrar fuentes de ingresos alternativos. Con tu plan perfectamente trazado, tus ahorros crecerán con el tiempo, quizás poco al principio, pero con un ritmo constante de subida después; toca, pues invertir tus

---

[139] El valor actual de un capital futuro de 18.000 euros a 18 años, con un interés del -3% es 6.300 euros.

ahorros, porque *ahorrar no basta*: sin invertir, el ahorro resulta incluso contraproducente, porque en el futuro —por el efecto de la inflación—, el dinero ahorrado valdrá menos que hoy. Por eso, si no piensas invertir, la decisión más racional es que no ahorres[140], porque tu dinero estará perdiendo valor.

Invertir, por tanto, es una necesidad. Pero el común de los mortales en España *no invierte*, porque tiene un miedo irracional y absurdo a perder su dinero.

### EL PODER DEL MIEDO

Jugamos a los juegos de azar por tres razones: nos ponen sus premios, creemos que son alcanzables y cuestan poco. Decimos: bueno, acertar seis números de entre 49 no parece muy complicado y me forraré por dos tristes euros. Un chollo, vamos. La realidad es que es *casi imposible* ganar en, por ejemplo, la Primitiva[141], así que el premio es de facto inalcanzable y eso hace que *paguemos por nada*. Sin embargo, apostamos, porque no tenemos consciencia de la probabilidad casi nula de ganar y la cuantía de la pérdida es muy limitada.

En el otro lado, no invertimos por *miedo* a perderlo todo, cuando la probabilidad de que con una estrategia de inversión adecuada es casi imposible *no ganar* en el largo plazo[142]. Así que

---

[140] De hecho, así se hace en las economías hiperinflacionarias. Con una inflación galopante, ¿a quién le interesa ahorrar? En cuanto se trinca el dinero, lo más inteligente es gastarlo al momento, porque en breve, no valdrá nada. En economías con una inflación controlada es recomendable como protección ante las contingencias futuras, pero sigue teniendo el inconveniente de que, sin invertir, ese dinero perderá valor y supondrá haber tirado por el retrete parte del esfuerzo empleado en conseguirlo.

[141] La probabilidad de ganar en la primitiva es de una entre catorce millones.

[142] www.lainformacion.com/mercados-y-bolsas/cotizacion-ibex-largo-plazo-probabilidad-perder-

jugamos confiados a la lotería —cuando vamos a perder *seguro*— , y no invertimos porque creemos que podemos perderlo todo — cuando es *imposible*—, o parte, cuando es *muy improbable*.

Y eso que invertir no es apostar. De hecho, no se parece en nada. Apostar es confiarse al mero azar cuando la banca juega con ventaja; invertir *bien* implica hacer un ajustado cálculo de riesgos para tener una posibilidad razonable de ganar. Apostar es un acto momentáneo; invertir es un plan de vida, de largo plazo, en el que habrá altibajos, pero que mostrará siempre una senda creciente si se sabe perseverar. Apostar es un acto meramente emocional, destinado a perder; invertir es un acto racional, que en el largo plazo no falla.

Pero no invertimos por *miedo*, y el miedo es así: irracional. El temor a lo desconocido bloquea; tendemos a la búsqueda de la seguridad. De ahí la aspiración a un sueldo continuo en un entorno laboral estable, y ya está bien: una oposición, un horario fijo, una vida sin sobresaltos. Pero sabemos que ese modelo de vida tiene los días contados y que no viviremos más como nuestros padres. Así que debemos acostumbrarnos a la incertidumbre y sentirnos cómodos en el desconocimiento del futuro. En el mundo financiero, la seguridad no es más que una ilusión, con un coste muy elevado: tu saldo en la cuenta de ahorro no bajará, cierto, pero *perderá valor* por, ya lo sabes, la inflación.

El miedo suele tener su origen en la ignorancia[143]. Tememos lo que no conocemos. Desconfiamos del extranjero o del distinto, pero gran parte de nuestras emociones negativas se

---

dinero/2831370/#:~:text=La%20probabilidad%20de%20obtener%20rentabili dades,Gestora%20con%20datos%20desde%201992.

[143] "La maldad no es más que una forma de ignorancia y aquel que sabe no puede hacer daño", *La campesina*, Alberto Moravia.

disipan cuando comprendemos las motivaciones de los demás y dejamos de verlos como una amenaza. Tememos perder lo que tanto nos ha costado ahorrar, porque no sabemos que perder invirtiendo, cuando las cosas se hacen bien, resulta *casi imposible*. Evidentemente, no podemos prever el futuro, pero sí conocer los resortes que manejan el dinero y aprovecharnos de ellos en nuestro beneficio. Sabiendo que una estrategia de inversión adecuada en el largo plazo *no falla*, el objetivo es, por tanto, claro: *conocer* cuál es esa estrategia, para aplicarla y ser coherente con ella, a pesar de las dificultades.

## INVERTIR EN CONOCIMIENTO

Conocer, pues, es la clave.

Warren Buffet, presidente de Berkshire Hathaway, es conocido como el oráculo de Omaha por su extraordinario olfato para las inversiones y se le considera el mejor inversor de todos los tiempos[144]. Cuando le piden consejo sobre cómo hacerse rico, responde sin dudar: invierte en ti mismo. Es decir, invierte en conocimiento. Saber es un cheque en blanco. Sabiendo, se camina hacia el logro; el desconocimiento, sin embargo, es ciego y desorienta.

Robert Kiyosaki apunta en ese sentido: "El dinero es una forma de poder. Pero lo que es más poderoso aún, es la educación financiera. El dinero viene y va, pero si usted cuenta con la educación acerca de cómo funciona el dinero, gana poder sobre él y puede comenzar a generar riqueza."

Para invertir bien es necesario tener una profunda educación financiera. Lógicamente, cuanto mejor se comprendan

---

[144] Con permiso de su maestro, Benjamin Graham.

los mercados, cuanto mejor se manejen los instrumentos financieros, más probabilidad de éxito se tendrá en diseñar una estrategia de inversión adecuada.

¿Significa, pues, que debes chaparte manuales de inversión, comprender el funcionamiento de las obligaciones subordinadas, ser en un experto en el manejo de opciones y futuros, enchufarte 24x7 a una pantalla de Bloomberg o seguir la cotización de todas las criptomonedas en tiempo real? No. Convertirte en un experto es una opción, por supuesto, si este campo te apasiona. Como sabes, yo mismo me certifiqué como asesor financiero ante la CNMV a través de un curso de 350 horas impartido por el SEPE. Es una formación excelente, que nunca sobra, pero no necesitas ese grado de profundidad para gestionar bien tus inversiones. Puedes *delegar* el conocimiento profundo, cualificado y técnico en los profesionales de la inversión —de los cuales hablaremos más adelante—, y tú emplear el tiempo estrictamente necesario para formarte en los principios básicos de la inversión, comprender cuáles son los principales activos para invertir, cuándo usarlos y cuándo no, y familiarizarte con el lenguaje financiero, para mantener con tus asesores una conversación fluida, sin que todo te suene a chino.

También debes mirar hacia dentro. Es muy importante que te conozcas a ti mismo, que aproveches tus talentos y mitigues tus debilidades. De ti debes conocer, en primer lugar, tu grado de *aversión al riesgo*. Si no tienes estómago para invertir, debes hacer callo o no meterte en lo arriesgado, porque cuando las cosas vengan mal dadas, desearás huir en el peor momento: venderás en la bajada, te perderás la subida y entrarás de nuevo demasiado tarde. Invertir requiere exige una visión de *largo plazo*. Si te vas a achantar con las primeras caídas, debes invertir en activos de muy bajo riesgo o delegar por completo la gestión de tu inversión y dejar que tu asesor financiero tome las decisiones por ti. Si ninguna caída te quita el sueño, puedes atreverte con mierda de la fuerte, pero recuerda: siempre bien asesorado, por tu conocimiento o por el de personal cualificado.

Mirando hacia dentro debes evaluar, en segundo lugar, tus *conocimientos financieros*. Eso determinará el grado de tutela que necesitarás para invertir. Como máxima general, toma la de tu ya amigo Buffet: no inviertas nunca en lo que no conozcas. Ejemplo: ¿Te suena Bitcoin? Seguro que sí. Siguiente pregunta: ¿Sabes en qué tecnología está basada? Ya puede que no. Una pregunta más: ¿Sabes por qué su valor sube o baja? Y más preguntas: ¿Conoces la diferencia entre un hodler y un especulador? ¿Sabes qué son las ballenas? ¿Has oído hablar del *pump and dump*? ¿Y del FOMO o el FUD? Si no sabes, te recomiendo que no te metas, por mucho que tu cuñado se haya forrado, que al amigo de un amigo le llegue un infalible chivatazo, que la tele cuente cripto futuros de riqueza paradisiaca y prosperidad simpar o que no dejen de bombardearte con *reels* y *stories* en Instagram. Puede que la flauta suene y ganes durante una temporada, pero te aseguro que en el largo plazo te desplumarán.

En tercer lugar, debes conocer tu potencia de fuego. Es decir: cuánto puedes invertir. La ortodoxia financiera habla de que debes tener un colchón de unos seis a ocho meses de gastos corrientes disponibles en efectivo siempre, así que, por diferencia, podrás invertir el total de tu patrimonio inversor menos ese colchón. Algunos valientes nos saltamos este principio, pero no te recomiendo que lo hagas hasta que estés bien entrenado, porque puedes llevarte sustos desagradables cuando caen los mercados.

Y, por último, debes testar tus habilidades personales en términos de paciencia y disciplina y, si eres un culo inquieto, delegar la gestión de tus inversiones en un asesor, porque "la bolsa es un mecanismo por el cual se transfiere dinero del impaciente al paciente"[145].

En resumen, es muy conveniente una reflexión sincera acerca de tu capacidad para meterte solo o acompañado en esta aventura. En el caso de que no seas capaz de hacerlo solo (¿Quién puede?), te recomiendo que elijas *buenas* compañías.

## LAS MALAS COMPAÑÍAS

Calibra bien con quién te juntas. En lo que a inversión se refiere, como en casi todo, cualquiera tiene una opinión, pero no cualquier opinión es válida, o desinteresada. Te recomiendo que *huyas* de los gurús de YouTube, los expertos de Instagram y los especialistas de Tiktok. Casi todos tienen como principal fuente de su negocio el mismo canal, más que la inversión. Como necesitan generar tráfico e incrementar el número de seguidores y *likes* suelen recurrir al *clickbait*[146] con titulares alarmistas o de impacto (generalmente negativo, que vende más) inflado, que te pueden llevar a tomar decisiones desastrosas. En más de diez años de inversión he visto y oído de ellos cientos de predicciones apocalípticas sobre caídas brutales de los mercados, que por ahora no se han cumplido. He aquí un ejemplo:

---

[145] Acertaste: la cita es de Warren Buffet.
[146] Contenidos en internet que buscan generar ingresos publicitarios con titulares e imágenes sensacionalistas y engañosos que atraigan la mayor proporción de clics posibles. (Fuente: wikipedia)

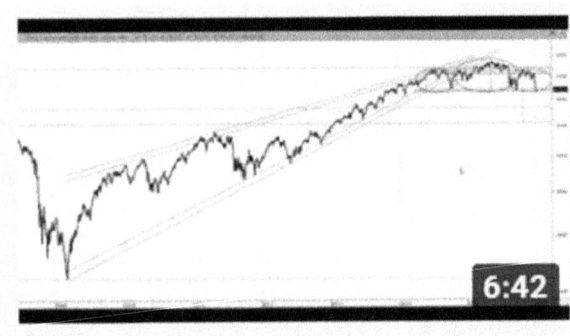

**Riesgo de desplome bursatil inminente**

5322 visualizaciones • hace 6 años

El que hiciera caso a esa predicción catastrófica de 2016 probablemente vendió sus acciones. Bueno, pues en ese año la bolsa[147] no solo no se desplomó, sino que subió un casi un 10%. Es decir, 2016 fue *un buen año* para invertir. Resultado: el que vendió perdió esa subida. Nadie puede adivinar el futuro y no se puede responsabilizar a nadie por no acertar, pero ¿por qué alarmar innecesariamente? Si es para generar ingresos a través del tráfico, eso sí es censurable.

Huye también de los foros de inversión. Los comentarios de los foreros son en general bienintencionados, pero están sesgados y aportan una información parcial o descontextualizada. Suelen estar muy centradas en el corto plazo, y en determinados valores o acciones, y pierden el

---

[147] En este caso, el S&P 500, que era el índice de la bolsa americana sobre la que se hacía la apocalíptica predicción.

contexto y la visión amplia del largo plazo. Una visión tan reduccionista tiene que ser necesariamente mala consejera.

Y, por último, huye de las recomendaciones del director de tu oficina del banco. No te engañes: es un comercial que tiene unos objetivos de venta, y lo que te proponga estará más orientado a trincar su bonus que a asegurar que inviertes bien. Si alguna vez recibes una llamada del estilo: "Buenas tardes, <TU NOMBRE>, mira, es que he visto que tienes un saldo en tu cuenta corriente de <SALDO DE TU CUENTA CORRIENTE> euros y es una pena que tengas este dinero sin producir, porque con esta inflación loca que tenemos pronto no valdrá nada. Me gustaría que nos viéramos, porque tenemos unos productos excelentes para que tu dinero rinda". Insisto: huye. Los bancos comerciales tienen sus propios productos de inversión, con comisiones generalmente altas, y que no tienen por qué adecuarse a tu perfil inversor. Dale largas y huye, pero corre contento porque si recibes llamadas así es que ya empiezas a acumular unos ahorros importantes.

## LAS BUENAS COMPAÑÍAS

Sin duda, el mejor acompañamiento es el personalizado y el profesional. Busca asesores financieros con certificación de la CNMV. Llama a distintos banqueros personales[148] o, cuando reúnas el capital suficiente, a banqueros privados[149]. Ellos se

---

[148] Es un tipo de banquero orientado a patrimonios entre 50.000 euros y 500.000. Tiene una cartera de clientes limitada, lo cual le permite centrarse en cada uno de ellos. Si googleas podrás encontrar todos los bancos que ofrecen en España este servicio.

[149] Estos banqueros gestionan a clientes con patrimonios superiores a 500.000 euros. No es necesario que googlees, cuando alcances este patrimonio te buscarán ellos a ti.

preocuparán por conocer tu perfil de riesgo, tus necesidades financieras, tu objetivo y planes de futuro, y te ayudarán a diseñar tu estrategia de inversión. Por supuesto, ellos también tienen que ganarse la vida y te cobrarán por ello, pero en su código deontológico prima el interés de su cliente sobre el propio, y se juegan su prestigio con ello, así que te aseguro que velarán por ti y tu dinero.

Mientras reúnes el capital mínimo para tocar las puertas de un banquero personal tendrás que gestionar tú mismo tus inversiones. Para ello, te recomiendo que asistas a encuentros físicos de inversión de reconocido prestigio, donde puedas hacer *networking*. Así, irás entrando en el conocimiento del mundo financiero y podrás rodearte de gente con tus mismas inquietudes y con *cara y ojos*. Después podréis crear grupos de Whatsapp o canales de Telegram, o con lo que mejor os comuniquéis, pero *os habréis conocido antes*, sabréis de qué pie cojea cada uno, su formación y sus intereses, y las recomendaciones de inversión que os hagáis serán realmente *desinteresadas*. Yo puedo decir con orgullo que así he conocido a inversores excepcionales, con los que comparto o no su filosofía de inversión, pero a los que respeto y admiro por su integridad y su conocimiento.

## EMPEZAR CUANTO ANTES

Mi amiga **Patricia**, actriz, triunfó muy joven en la tele a principios del siglo XXI. Durante seis años colaboró en un programa muy famoso que le dio unos ingresos formidables, con los que compró pisos, para alquilarlos, y hoy disfruta de una holgura económica que le permite aceptar o rechazar papeles de teatro sin preocuparse por el dinero.

Patricia pudo haber gastado los miles de euros que ingresaba al mes en todo tipo de caprichos, confiando que aquel chorreo de dinero no acabaría nunca y que su carrera meteórica solo podría mejorar, pero prefirió ahorrar e invertir desde los 21 años. Eso le proporcionó su independencia financiera antes de los 27. Está claro que no todos podemos ser actores famosos a esa edad, pero el concepto ya nos vale: no hay que esperar a tener un determinado capital para invertir; ni reflexionar sobre el nivel de vida suficiente cuando "toque sentar la cabeza". El tiempo para hacerlo es ya. O, dicho de otra manera: cuanto antes. La dieta que ya se empieza el lunes, nunca empieza. La firme promesa de dejar de fumar con el año nuevo se quiebra justo después de las campanadas. La procrastinación es la enemiga de tu objetivo. Si tienes patrimonio, prepárate para invertirlo cuanto antes. Si no, empieza a ahorrar ya. Por la magia del interés compuesto, recuerda, cada día que se escapa hoy, se lleva semanas de libertad del mañana.

¡Aunque!

Nunca es tarde para empezar. La madre de mi amigo **Quico** decidió convertirse en *trader* a los 67 años. Se formó con un máster y ahora opera intradía[150]. Según mi amigo, su mamá tiene un ratio de operaciones positivas del 80%. Que ya quisieran muchos de los gurús de Youtube alcanzar.

El momento apropiado para empezar es ya. Ayer no pudo ser y no pasa nada. Mañana no será. Ya.

---

[150] Vender y comprar instrumentos financieros en el mismo día. Es una inversión especulativa que requiere de grandes conocimientos, porque suele basarse en operativa con derivados y mucho apalancamiento (endeudamiento).

CONSEJOS DE INVERSIÓN ESTRICTAMENTE PERSONALES Y BASADOS SOLO EN MI EXPERIENCIA PARTICULAR COMO INVERSOR, QUE NO RECOMIENDO OFICIALMENTE CON EL GORRO DE ASESOR FINANCIERO PERO CONSIDERO QUE SON DE UNA LÓGICA APLASTANTE Y UN SENTIDO COMÚN UNIVERSAL QUE LOS HACEN DIFÍCILMENTE RECHAZABLES (AUNQUE HAY PARA TODOS LOS GUSTOS, QUÉ TE VOY A CONTAR, Y HABRÁ SIEMPRE CUALQUIERA QUE ENCUENTRE OBJECIONES ABSOLUTAMENTE LEGÍTIMAS Y RAZONABLES, QUE PODEMOS DISCUTIR SIN PROBLEMA CON UN CAFÉ/CERVEZA/CHAI LATTE/SIMILAR)

1. **Diversifica**. Me fastidia acudir al lugar común de "no pongas los huevos en la misma cesta", pero es que toca: no lo hagas. Al diversificar, el riesgo global que corres baja y, si la cagas con algún activo, no te caes con todo el equipo. Invierte en la medida de lo posible en una variedad amplia de activos —más adelante veremos cuáles— y juega con tu perfil de aversión al riesgo para establecer qué porcentaje de tu patrimonio debes poner en cada uno. Descarta los activos que no comprendas o en los que no estés bien asesorado. Y recuerda: huye del que te aporta soluciones mágicas centradas en un solo tipo de activo, porque no funcionarán. Ejemplo:

    Cómo ser Millonario con la Inversión Inmobiliaria (Paso a Paso)
    26.993 visualizaciones 6 feb 2022  Aprende a invertir en el sector inmobiliario con mi método.
    He ayudado a miles de alumnos en el proceso, entra aquí

    "Paso a paso", dice. Bueno, pues la inversión inmobiliaria también tiene riesgos: inquilinos que no pagan, derramas inesperadas, bajadas del valor de los inmuebles, subidas de los tipos de interés, etc. Centrarse únicamente en ella es necesariamente un error. En la medida de lo posible, diversifica. Al principio quizás no tengas mucho patrimonio como para andarte con repartos sofisticados, pero hazlo de todos modos. Porque si no, cuando lleguen los momentos chungos, *lo pasarás mal*.

2. **Acepta que esto sube y baja**. Y baja y sube. Y sube durante mucho tiempo y cuando baja, baja una barbaridad. Cuando suba, no te dejes llevar por la codicia; y cuando baje, que no te pueda el miedo. *Stick to the plan*, que dicen los ingleses. Tu asesor te ayudará a mantener la calma y la racionalidad. De hecho, como preconiza Grant Sabatier, "una de las principales razones por las que los asesores financieros existen no es porque eso de gestionar las inversiones sea tan complicado, sino porque saben cómo parar a sus clientes para que no tomen decisiones estúpidas". Si no tienes asesor todavía, que tu estrategia sea tu faro. No te alejes de ella ni comprando demasiado cuando las cosas van bien, ni vendiendo cuando van mal. Mantente frío y racional. Cuanto más te dejes llevar por la emocionalidad del miedo y la codicia, más perderás. Una más de Buffet: "El miedo *generalizado* es su amigo porque le permitirá comprar gangas. El miedo *personal* es su enemigo. Los inversores que eviten costes elevados e innecesarios y simplemente se 'sienten' en el largo plazo sobre una 'cesta' de grandes empresas americanas financiadas conservadoramente lo harán muy bien". Aquí el oráculo nos enseña cómo manejar el miedo y, *bonus track*, nos regala una estrategia de inversión secular que siempre ha funcionado. Si te mantienes fiel a tu estrategia, muy raro será que no dé sus frutos *en el largo plazo*.

3. **No mires todos los días los mercados.** Si esto es una carrera de años, no tiene sentido que chequees la página de tu bróker cada segundo. Resulta tan absurdo como observar crecer tu pelo. Revisa con tu asesor o tú mismo tu estrategia de forma mensual, y con eso ya es suficiente.
4. **Adecua tu estrategia a tu perfil de riesgo.** Es decir, si eres muy amarrategui deberás tener inversiones poco arriesgadas, que por eso darán menores ganancias; y si una caída del 30% no te quita el sueño, podrás arriesgar mucho más a cambio de unas ganancias mayores.
5. **Ojo con las comisiones**, porque son la versión financiera del ataque de las hormigas. Invertir en deuda pública de países con gran solidez con una rentabilidad del 1% y comisiones del 0,6% supone que gran parte de lo que vas a ganar se lo quedará el banco. Incluso cuando puedas ganar un 10% en renta variable, con una comisión del 2% por cada 100 euros que inviertas, el banco se quedará con 91 euros en comisiones a lo largo de 20 años[151]. Negocia con tu asesor o con tu banco que te quiten las comisiones de custodia, las de tipo de cambio y las de mantenimiento de cuenta. Asegúrate de que los fondos de inversión que te proponen tienen unas comisiones y unos gastos razonables. Y desconfía del "gratis". Algo tal que:

## Invierta en sus acciones favoritas
Disfrute de 0 % de comisión y acciones fraccionadas.

---

[151] Aunque en honor a la verdad, también habrás ganado 457 euros. El objetivo, por tanto, debe ser luchar por obtener las menores comisiones posibles.

La página web origen de este recorte avisa después, con letra pequeña: "Cero comisión significa que no se cobrará ninguna comisión de bróker al abrir ni al cerrar la posición, y no se aplica a las posiciones cortas o apalancadas. Son aplicables otras comisiones." Otras comisiones que cuesta encontrar cuáles son. Pero al final, de alguna manera tienen que ganarse la vida, ¿no? En este caso, básicamente, ganan con la comisión del tipo de cambio, que sí cobran, y con un *spread*[152] muy, muy alto. Vamos, que lo que te quitan por un lado, te lo ponen duplicado por otro. Ándate con ojo, pues.

6. **Endéudate con cabeza.** Las deudas no son ni buenas ni malas: depende de cómo se usen. Yo considero un *mal uso* cualquiera que no sirva para generar futuros rendimientos (básicamente: créditos para financiar un coche, créditos al consumo o pago aplazado con tarjetas de crédito) o cuando la deuda total es superior a tu patrimonio inversor[153]. Y *buen uso* el que tiene por objetivo invertir con un riesgo acotado. El común de los mortales se afana por amortizar la hipoteca de su casa cuanto antes. Por tener tranquilidad de espíritu, dicen. Está bien, sin duda: nada más importante que dormir bien y las deudas para algunos son fuente de insomnio. Yo he optado por un camino distinto: no he amortizado por adelantado **nada.** Así, como el tipo medio de mis hipotecas en estos años ha rondado el 2% y lo que he invertido me ha dado un rendimiento histórico del 12%, el dinero que debo al banco me está generando, al tenerlo invertido, un 10% de rendimiento anual. En 10 años, por cada 100.000 euros de hipoteca que no he amortizado

---

[152] Diferencia entre el precio de compra y el precio de venta. Viene a ser similar a como cuando cambias en el aeropuerto del país extranjero que vas a visitar.

[153] Recuerda el capítulo IV Ahorra o nunca.

adelantadamente he ganado 159.000 euros. Por tanto, no amortizar hipoteca y destinar ese dinero a invertir con cabeza, puede ser una buena alternativa. Endeudarte de una forma razonable y conservadora puede ayudarte a reducir el tiempo que te queda para retirarte. Si estás dando un mal uso a la deuda, céntrate en cancelarla cuanto antes con tus nuevas fuentes de ahorro. Para ello, ordena tus deudas según el interés que pagas y amortiza primero las de los intereses más altos. Solo cuando te hayas deshecho de la deuda mala, podrás empezar a invertir de una forma útil.

7. **No creas que puedes anticiparte al mercado.** Comprar barato y vender caro parece obvio, pero resulta de lejos lo más complicado de conseguir, así que, al final, lo mejor es que compres lo que crees que va a crecer y lo *mantengas*. De nuevo, déjate asesorar en este sentido, y adquiere activos que tengan un potencial de revalorización más o menos claro en el futuro. Y no te pongas nervioso si en un principio no despegan. Dales tiempo. Recuerda que la paciencia, según Buffet, es tu mejor compañera de viaje.

Vamos con los activos en los que puedes invertir:

INVERTIR EN INMUEBLES

Pisos, por ejemplo, destinados a que generen rendimientos, a través de un alquiler de larga temporada o Airbnb. También puedes buscar plazas de aparcamiento y trasteros. No te recomiendo locales porque la revolución digital alejará las compras de las calles. Ten en cuenta algo importante: este tipo de activos genera rendimientos mes a mes (alquiler), pero también se revaloriza con el tiempo[154], lo cual los hace especialmente atractivos.

Como se trata de una inversión importante, debes buscar y elegir bien qué piso vas a comprar. Yo tengo un perfil muy delimitado: céntricos, con dos habitaciones (son los que mejor salida tienen para el alquiler), para reformar, con un descuento del 10% – 15% de su precio de mercado y al que le pueda sacar una rentabilidad mínima del 8% anual. Este perfil me permite dar salida al piso (venderlo, vamos) de una manera relativamente sencilla cuando quiero desinvertir. Te recomiendo que uses las webs de búsqueda (Idealista, Fotocasa, etc) de forma muy activa, con filtros y notificaciones, y que seas rápido —pero precavido— para elegir, porque los chollos vuelan. Usa también las páginas de tasación gratuita, que te darán una visión aproximada del valor del piso y sobre cuánto podrías alquilarlo. Evita las inmobiliarias: ya apenas aportan valor y te cobrarán mucho.

Analiza con detenimiento la posibilidad de pedir una hipoteca: como sabes, endeudándote la rentabilidad crecerá; pero, por otro lado, una hipoteca supone un gasto más, y tendrás que ver si cabe en tu presupuesto mensual.

Cuando hayas comprado el piso, pide presupuesto de reforma a varios contratistas (preferiblemente, conocidos por ti o conocidos por amigos tuyos). Cuando las obras empiecen, que no te dé apuro exigir el cumplimiento de plazos, porque mes que pasa, es mes que no cobras la renta y, por tanto, que tu inversión no rinde.

---

[154] De nuevo, como cualquier activo, esta es una afirmación genérica válida para el largo plazo. Por supuesto, puede sufrir oscilaciones hacia arriba o hacia abajo dependiendo del contexto económico o de circunstancias concretas de la zona en la que se encuentra el piso/trastero/garaje.

Para alquilar, de nuevo, te recomiendo el *do it yourself*, porque el ojo del amo engorda la vaca. Las pocas veces que he tenido que confiar en una inmobiliaria para que me alquile un piso, no lo han conseguido menos tiempo del que yo habría tardado. Publica tus propios anuncios, y ve tú a las visitas. Ello te ayudará a conocer a los futuros inquilinos. A la hora de elegir, guíate por tu instinto, pero exige garantías; las tasas de morosidad son muy bajas, pero no está de más tener un colchón en forma de depósito por si el inquilino deja de pagar.

Ten en cuenta el impacto fiscal de la compra (varía según la comunidad autónoma. En Madrid, en torno a un 7% del valor del piso, además de en torno a un 1% de gastos asociados a la compra), de los rendimientos (tributan como rendimientos en el IRPF, dentro de la base general, y tienen la bonificación del 60% *solo* si se ha alquilado como primera vivienda del arrendatario; también pagan IBI e impuesto de recogida de residuos urbanos) y de la venta (tributan en el IRPF como plusvalía, dentro de la base del ahorro, y además tienen la tasa municipal).

### INVERTIR EN DEUDA PÚBLICA

Puedes convertirte en prestamista del Estado o de cualquier gran empresa, a cambio de que te den una remuneración mensual, llamada cupón. Cuanto más sólida sea la reputación del país o de la empresa, menos riesgo de que no te paguen tendrás, pero el cupón será menor. Su precio fluctúa en función de la demanda y la oferta del mercado, así que lo comprarás a un determinado precio por encima o por debajo de su valor de emisión; y cuando termine el plazo, recibirás su valor de emisión. Algunos consideran que la renta fija es un instrumento sin riesgo, pero no es así, porque en esta fluctuación de precios puedes *perder dinero*. Así que te recomiendo que estés bien asesorado si te recomiendan entrar en este tipo de instrumentos, porque puede dar más de un disgusto a espíritus conservadores.

A mí me gusta particularmente la deuda *high yield*, que ofrece unas rentabilidades muy apetecibles (superiores al 5%), pero que por consiguiente llevan aparejados una serie de riesgos. He de insistir: si entras, que no sea porque lo has leído en este libro, o te lo ha recomendado tu primo el enterado. Investiga, o pregunta a tu asesor. Asegúrate de que corres un riesgo controlado, y de las probabilidades de que el estado o la empresa que emite la deuda va a ser capaz de hacer frente a los pagos en el futuro. Si entras, que sea muy bien informado de los riesgos que corres, de las ganancias que puedes tener, y de cómo puedes vender si es necesario.

## INVERTIR EN ACCIONES

Puedes convertirte también en el dueño de una empresa que cotiza en bolsa. Con una participación mínima, cierto, pero dueño, al fin y al cabo. A cambio, obtendrás unos ingresos recurrentes en forma de dividendos y esperarás que el valor de esas acciones crezca en el tiempo. Hay millones de acciones para elegir, y eso es un gran hándicap. Dónde meterse y dónde no es el quid. No entres nunca por recomendación de un amigo o un cuñado ni por filiaciones, sentimientos, modas o creencias populares. Analiza la capacidad de esa empresa de *crecer en el futuro de una manera sostenida y rentable*[155] y, si no te ves capaz de

---

[155] En el capítulo 1 decíamos que las crisis en las empresas llegan cuando dejan de crecer. El Sistema necesita el crecimiento —a tu costa— para perpetuarse,

hacerlo tú, ya sabes: delega. La fórmula más habitual de delegación son los **fondos de inversión**[156]. En ella, expertos con un profundo conocimiento seleccionan empresas según una temática concreta y crean con ellas una cartera, que llamamos fondo. Así puedes aprovechar el conocimiento de otros para que tu dinero genere rendimientos. Sin embargo, hay también cientos de miles de fondos, así que la pregunta vuelve a ser: ¿cuál elijo? De nuevo, si no sabes, déjate asesorar por quien sabe: tu asesor financiero te recomendará los que se ajustan a tu perfil de riesgo y a tus intereses. Si no tienes asesor todavía, te recomiendo que aprendas a analizar los principales aspectos de un fondo para tener en cuenta (filosofía de inversión, rentabilidades históricas, volatilidad, composición de la cartera, comisiones y gastos, etc). La web de *morningstar* te proporciona toda la información necesaria; familiarízate con ella, antes de tomar cualquier decisión.

A mí, personalmente, me privan los fondos de tecnología, farma y *biotech*, porque creo que el potencial de crecimiento de lo digital no encontrará barreras en el futuro. Y no me gustan los negocios en declive (banca o petroleras), o aquellos con barreras éticas claras (tabaqueras o armas).

Una tipología de fondos que crecen mucho últimamente son los ETFs indexados. En ellos, los gestores compran las acciones incluidas en un determinado índice (por ejemplo, el IBEX35), en la mismo proporción que en el índice, de manera que el ETF se comporta exactamente igual (o casi), que el índice. Se le llama "gestión pasiva" porque el experto del fondo no hace nada más que imitar al índice, frente a la gestión activa (el resto de

---

y ahora comprendes por qué: ningún inversor racional meterá su pasta en un negocio que no crece.

[156] También hay fondos de inversión de deuda pública.

fondos), en el que el gestor tiene que estrujarse los sesos para crear una cartera que sea más eficiente que el índice. Los ETFs son sencillos de comprender, tienen unas comisiones bajas y pueden dar unas rentabilidades estupendas. Por ejemplo, el S&P500 ha crecido de media un 8% en los últimos cien años. Un ETF que lo hubiera replicado desde entonces habría tenido esa rentabilidad, que está muy bien, sin grandes complicaciones ni análisis concienzudos ni posibilidad de errar con las acciones no adecuadas. Es, por eso, un instrumento que se prescribe para los recién llegados. Te recomiendo que antes de entrar, investigues qué índices tienen más probabilidad de revalorizarse en el futuro. Probablemente, aquellos cuyas economías sean sólidas y sus empresas tengan un fuerte sesgo tecnológico. S&P500 y Nasdaq para Estados Unidos, el DAX30 alemán, el FTSE100 inglés, el CAC40 francés, el Hang Seng de Hong Kong, el CSI300 de China, el Nikkei japonés, o el Nifty indio me parecen unas buenas opciones a considerar. Pero ya sabes: no des un paso sin informarte bien o estar bien asesorad@.

Los fondos de inversión cuentan con una ventaja: puedes traspasar tu capital de uno a otro sin tributar, y solo cuando vendes el último es cuando tienes que cuadrar cuentas con Hacienda. Esto es vital, porque te permite reinvertir las ganancias en su totalidad, y no solo aquellas netas después de impuestos. Los ETFs, a pesar de ser fondos, no cuentan con esta ventaja. Ten en cuenta esta circunstancia.

## INVERTIR EN PLANES DE PENSIONES O DE AHORRO

Los planes de pensiones tienen un funcionamiento similar a los fondos de inversión, con una particularidad: no puedes retirar tus aportaciones hasta tu jubilación[157]. Es apropiado para mentes inquietas o poco perseverantes, ya que no podrán tocar ese dinero por mucho que consideren más interesante fundirlo ya en una lavadora nueva, viajes o restaurantes; pero si estás bien asesorad@ y tienes claro tu norte, no necesitas que nadie te obligue a cumplir lo que quieres voluntariamente, porque, además, lo que quieres es retirarte *mucho antes* de tu edad de jubilación[158]. En cualquier caso, si tu empresa ofrece planes de pensiones con bonificación (en el que por cada euro que inviertes tú, tu empresa pone un tanto de su parte), métete sin duda: es dinero regalado. Si decides contratarlo por tu cuenta, de nuevo, delega la elección del plan concreto en tu asesor, y vigila que las comisiones y la rentabilidad son las adecuadas.

Los planes de ahorro tienen una mecánica de funcionamiento similar, pero en este caso la obligación de mantener las aportaciones se extiende no hasta la jubilación, sino el tiempo que el plan determine. Suelen, además, ofrecer un interés muy bajo, generalmente por debajo de la inflación, así que yo no te lo recomiendo como mecanismo de inversión para cumplir tu objetivo pasión.

Y, ojo al rescate: tributa en la base general del IRPF, así que nunca rescates de una sola vez tu plan, hazlo de forma escalonada, o Hacienda te crujirá.

---

[157] Salvo en casos muy tasados: desempleo de larga duración, fallecimiento, incapacidad laboral, dependencia o que hayan transcurrido diez años desde la aportación.

[158] En el pasado, los planes de pensiones contaban con una deducción fiscal magnífica que los hacía del todo interesantes; pero eso ya es agua pasada.

## INVERTIR EN CAPITAL RIESGO (PRIVATE EQUITY)

Puedes convertirte también en dueñ@ de empresas que no cotizan en bolsa, a través de los fondos de *private equity*. En ellos, los gestores buscan compañías que están naciendo para comprar una participación antes de que exploten. Suelen centrarse en una temática muy concreta. Por ejemplo, empresas de ciberseguridad israelíes; o empresas de parques fotovoltaicos. Esta inversión requiere paciencia, ya que no podrás sacar tu dinero en un plazo de entre 6 y 10 años, a cambio la rentabilidad muy interesante. Un inconveniente: la aportación mínima (llamada tique) es, generalmente, de 100.000 euros, lo cual lo hace difícil de incluir en una cartera bien diversificada.

## INVERTIR EN CRIPTOMONEDAS

Ya sabes que no te lo recomiendo. Cuanto más fácil parezca y más brillantez te prometan, más te la estarán metiendo doblada.

## INVERTIR EN DERIVADOS

Los derivados son productos financieros complejos, en los que compras el derecho (y entonces se llaman opciones) o la obligación (y entonces se llaman futuros) de comprar o vender en una determinada fecha otro determinado activo, que se llama subyacente. Tampoco te recomiendo que te metas en este fregao por dos razones: la primera, porque es más que probable que no hayas comprendido muy bien en qué consisten; la segunda, porque su valor está ligado al valor del subyacente y están muy apalancados, lo cual hace que, a la mínima oscilación del valor del subyacente, puedes perder todo lo invertido.

Hasta hace poco, las opciones y los futuros eran instrumentos solo al alcance de inversores profesionales. Pero en los últimos años han proliferado empresas en las que animan al gran público a jugar con derivados. Utilizan reclamos atractivos (comisiones pretendidamente bajas, diseños *cool* o prescriptores famosos, como futbolistas o entrenadores) y una mecánica muy sencilla de usar: comprar y vender, y punto, muy similar a una simple apuesta. Pero la ley les obliga a especificar cuántos de sus clientes pierden con su operativa y, en letra pequeña, podrás leer lindezas tales que: "El 79% de las cuentas de inversores minoristas pierden dinero en la comercialización con CFDs con este proveedor". Aclaración: CFD es un tipo de futuro; un derivado, por tanto. Y cuatro de cada cinco inversores pierden pasta. He llegado a ver hasta CFDs sobre Bitcoin, lo cual es como zamparse entera una tarta de chocolate y nata rellena de albóndigas con *toppings* de chorizo y fondant de tocinillo de cielo. Mortal de necesidad.

## MÁS MADERA

Recapitulando: has descubierto sorprendido que ser ahorrador, con lo estupendo que resulta, no basta, pero el embrujo mágico del interés compuesto te ha cautivado, así que, miedos fuera, vas a invertir para entrar en ese mundo feliz en el que tu patrimonio trabaja por ti. Estás en búsqueda activa de asesor o conocimiento y tienes el firme propósito de no meterte en nada que no conozcas y sobre lo que no haya un profundo proceso de reflexión acerca de su conveniencia, porque afirmas que invertir no es apostar. En breve, conocerás tu perfil de riesgo y con él podrás trazar una estrategia de inversión para el total de los años que te quedan para cumplir tu objetivo pasión. Tu estrategia de inversión será el faro en la travesía y el pilar que sustentará los envites insidiosos del Señor Mercado[159] y te mantendrá firme en tus posiciones.

Y con tu inversión en marcha, tendrás ya todos los engranajes del mecano inteligente que sustituye la premisa entrego—mi—tiempo—por—dinero por otra tal que mi—dinero—genera—tiempo: tu objetivo pasión, el punto de partida de tu patrimonio actual, un plan para gastar menos, un plan de carrera para medrar y cobrar más, una búsqueda activa de ingresos alternativos y una estrategia de inversión para acelerar los plazos.

Bueno, pues ya está, ¿no?

Me temo que no. Falta lo principal.

---

[159] Mr. Market fue un personaje que inventó Benjamin Graham, maestro de Buffet, para referirse al comportamiento del mercado de valores movido por el miedo (cuando baja de forma irracional) o la codicia (cuando sube de forma irracional)

# IX
# EL VIAJE DEL HÉROE

> "Tanto si crees que puedes como si no,
> estás en lo cierto"
> Henry Ford.

> "Por perseverancia el caracol llegó al arca"
> Charles Spurgeon.

> "Aquellos que quieren cantar
> siempre encuentran una canción"
> Proverbio sueco.

## LO PRINCIPAL

Tener un plan es importante. Crucial, diríamos, porque sin un plan se camina sin norte y pronto llegan el desánimo y el cansancio y, con ellos, el abandono. Por eso, con tu plan de reducción de gastos, tu plan de carrera, tu plan de ingresos alternativos y tu estrategia de inversión, solo puedo decir: ¡bravo! Pero insisto, te falta lo principal, que no es más que **ponerte manos a la obra**. Porque los planes son condición necesaria, pero no suficiente. Un plan que se queda en un cajón de la mente, o en un papel o una hoja de cálculo, será tan solo una ensoñación y una lamentable pérdida de tiempo. Los libros de autoayuda fallan, normalmente, en esto: su lectura proporciona un placer momentáneo en la ilusión de lo que podría ser, pero si se cierran al terminarlos y se comienza otro, ahí quedará su utilidad, en levantar un oasis de consuelo conceptual entre frustraciones reales; si no se ponen en práctica sus consejos, no sirven para nada. No basta con leer o tener los mejores propósitos: si quieres peces, tienes que mojarte el culo. Así que desperézate y pon tu mente en modo ahorro e inversión. Incorpora a día a día pequeñas costumbres conscientes: compara precios, anota tus gastos, cuestiona tus actos de compra de una manera positiva y racional, renuncia a lo que no necesitas, libérate de las redes (sociales), aprovecha tus tiempos muertos para aprender de finanzas, indaga con curiosidad fuentes de ingresos alternativos, googlea asesores financieros, lee veinte minutos al día[160], invierte un par de horas al mes en tu contabilidad y otro par en mejorar tus hojas de cálculo, ensaya nuevas formas de trabajar, fórmate en lo que el mercado laboral demanda, pasa del *prime time*, despiértate media hora antes, ajusta tus dedicaciones de tiempo a tus intereses… aumenta, en definitiva tu porcentaje de ahorro con dedicación y constancia, convirtiéndote, poco a poco y desde ya, en un ser económico que incorpora gradualmente las tesis de este libro a su cotidianidad. Al principio te costará, pero en breve la costumbre de mirar por el dinero y hacerlo crecer se tornará natural y saldrá sola. Al tiempo, los resultados retroalimentarán tu confianza. Y, por supuesto, sufrirás valles de motivación, bajones, pasos atrás y dudas, pero tu objetivo pasión te ayudará a seguir adelante. Recuerda a Rafa Nadal. No te conformes con leer sobre independencia financiera; hazla tu realidad. Eres el héroe de tu película y has sido arrancado de una vida cotidiana que no te satisface para emprender un viaje de construcción personal hacia el logro. Como Han Solo, que debe rescatar a la princesa Leia; como Frodo, que destruirá el anillo único; como Bridget Jones, que anhela el corazón de Mark, tú has sido llamado a la aventura; es hora, pues, de que cruces el umbral hacia un mundo nuevo, y

---

[160] Que supondrá la friolera de veinte libros al año.

te pongas a prueba cada día, para encontrarte a ti mismo en un nuevo yo, más fuerte y sabio, resistente a los envites del Sistema, que a través del ahorro y la inversión concienzudo y sistemáticos, alcanzará esa libertad financiera con la que podrás volver a tu vida cotidiana, renovado y libre, en una nueva y liberadora existencia.

Camina hacia tu objetivo pasión desde ya, porque el tiempo pasa; antes de que te preguntes qué has hecho en tu vida y concluyas que nada interesante, mejor pregúntate qué puedes hacer ahora, o a partir de ahora, y qué tipo de vida quieres, de verdad, llevar. Imagínate en las postrimerías satisfech@ del amor vivido, de la intimidad diaria con tus padres o tus hij@s, del tiempo que les regalaste, del recuerdo íntimo que tus amistades se llevarán de ti, de cómo lo pasaste en grande en la cotidianidad con tu chic@. Cuando mueras, no recordarás lo que compraste o tuviste, sino lo que fuiste, a quién amaste, y quién te amó. L@s niñ@s crecen y marchan: solo serán ellos *ahora*. El cuerpo se aja, la mente se anquilosa, el alma se fatiga. Date cuenta de que la vida se va y no vuelve y ten claras tus prioridades. Lucha por los tuyos y no los pongas como excusa. No trabajes para darles lo mejor, porque lo mejor ya eres tú. El lujo y las comodidades agradan, por supuesto, pero no merecen la pena si la moneda de cambio es tu ausencia. Viaja. Abraza. Cuida tu cuerpo. Construye el futuro que deseas desde ya. Salta de la intención al esfuerzo; vence la poderosa tentación del *scroll* y la inconsciencia despreocupada; haz de cada movimiento de tu cartera un acto consciente y meditado; despierta a la realidad adulta de la gestión de tu patrimonio; abandona la niñez impuesta por el Sistema y construye un día a día maduro, racional, iluminado por la esperanza de tu objetivo pasión y haz del esfuerzo un acicate. Mójate el culo para descubrir que el agua no está tan fría y que nadar, en realidad, te agrada. Chapotea en lo cotidiano, alcanza un porcentaje de ahorro significativo y, poco a poco, *inch by inch*, llegará ese mañana en el que no tendrás que trabajar por dinero. Y, ahí, *my friend*, todo empezará.

## LA VIDA CAMBIA

John Lennon dijo que la vida es eso que sucede mientras estás ocupado haciendo planes. De ahí la importancia de ponerse manos a la obra cuanto antes, pero también de asumir que la realidad es muy tozuda y que los derroteros de la vida pueden llevarnos por lo inesperado o lo no planificado. En términos de finanzas personales, lo más común es que nuestros gastos, aún dentro de la cota de lo suficiente y de lo razonable, vayan creciendo por efecto de la inflación o porque aparezcan nuevas partidas, sobre todo cuando tenemos, o queremos tener, hij@s (que no vienen, ni mucho menos, con un pan debajo del brazo). Afortunadamente, todo está previsto, porque esto de planificar es flexible y adaptable. Cuando las circunstancias cambian, siempre podemos actualizar nuestro plan y hacerlo virar para que recupere el norte adecuado. Siempre puedes modificar tu presupuesto de gastos para incluir nuevas partidas, ajustando otras o asumiendo que tardarás un poco más en retirarte, pero que merecerá la pena[161]. Y, por supuesto, también puedes planificar un aumento de tus ingresos en forma de promoción o de nuevas fuentes de ingresos alternativos. Hacer paradas periódicas para chequear el grado de cumplimiento de tus objetivos y actualizar tu plan de acción no solo es conveniente, sino, como ves, absolutamente necesario. Y sofisticar ese plan

---

[161] Puedes calcular el impacto en años de una subida de tus gastos en los años que te quedan para ratirarte en: ¿Y si suben mis gastos en el futuro?

para que pueda prever variaciones anuales de ingresos y gastos, cuando hayas entrado bien ya en esta manera de hacer las cosas, te será también muy recomendable.[162]

## VENCER AL SISTEMA

No veas al Sistema como un malvado grupo de personas, o un siniestro cónclave de cerebros privilegiados que nos dominan. El Sistema no es un grupo de grandes multinacionales, ni de gobiernos capitalistas, o de autócratas, ni el grupo Bilderberg ni el foro de Davos. No hay logias, ni sectas ni hermandades secretas. El Sistema no es el yugo impuesto por unos iniciados al resto de la humanidad. Al contrario: el Sistema somos todos y cada uno de nosotros. O, quizás, ninguno, porque en realidad son las reglas del juego político, económico y social que entre todos hemos creado. No hay poderes en la sombra, sino usos y costumbres; no hay manos negras o invisibles, sino actitudes ante la vida y escalas de valores. No hay, en suma, hombres malos[163] sino intereses creados en torno a un Sistema de reglas, que unos usan en su favor y otros padecen y en el que siempre es posible cambiar de bando. Las reglas están ahí, al alcance de cualquiera, son visibles y comúnmente aceptadas; tan solo hay que observarlas de otra manera. Piensa como los ricos, dicen los gurús de esto, ponte del lado de los que se aprovechan de las reglas del Sistema. Yo, quizás, voy más allá, y te propongo que pienses no como los ricos, sino como *tú* de verdad quieras. Para el proverbio oriental, "cuando el alumno está preparado, el maestro aparece". Ojalá este libro te sea iniciático, y marque la

---

[162] Te adjunto un modelo que puedes seguir, si gustas: Plan detallado de ahorro e inversión
[163] O mujeres malas.

senda para que abras los ojos a una nueva forma de observar al Sistema, desapegado de sus reglas, no desde el bando de los ricos ganadores o de los pobres perdedores, sino *desde fuera*, en un tercer género de persona ilusionada por regalar a sus seres queridos el gran tesoro de su tiempo. En eso consiste vencer al Sistema: en recuperar el gobierno de uno mismo para amar intensamente a los nuestros. Puedes retirarte en 15 años, incluso en menos. Ya sabes que es posible. Tan solo tienes que salirte de las reglas establecidas, *ahorrando* e *invirtiendo*. Si tienes treinta años, podrás compartir cincuenta con los tuyos. Si tienes cuarenta, podrás regalar otros tantos. Si tienes cincuenta, serán tres décadas. Así de sencillo: con tus propias reglas y la aritmética. Ejecuta tu plan desde ya para sumar años de vida y entrega. Empieza ya y no te cuentes historias, porque lo que no son cuentas, recuerda, son cuentos.

### ¿Y SERÉ FELIZ?

Pues, probablemente, no. O sí, pero no creo que la independencia financiera, per se, te proporcione la felicidad. Haber alcanzado tu objetivo pasión te devolverá a tu razón de ser. Tus días serán, sin duda, más luminosos e intensos. Ya no habrá fines de semana porque no serán necesarios. Podrás viajar en cualquier época del año, tus seres queridos no te echarán de menos y no buscarás en los sueños una vía de escape, porque no querrás escapar de nada. Y no, no te aburrirás: desde que me retiré, no he tenido momento de ociosidad, ningún lunes al sol, ninguna pausa en la que me he preguntado "y ahora, ¿qué?" Porque tu objetivo pasión te llenará de proyectos, ilusiones y tareas. Una vez retirado, cada cual ocupa pronto su tiempo en aventuras, escapadas, compañía, lectura y todo tipo de afanes.

Sin embargo, las preocupaciones seguirán ahí. Porque, como apunta Mark Manson[164], nuestro cerebro está programado para dedicar parte de su tiempo a preocuparse. No podemos evitar que nuestra cabeza dé vueltas a cuitas reales o inventadas. Sin embargo, como también Mark indica, el secreto de la felicidad consiste en *elegir* nuestras preocupaciones. Yo me desprendí de las preocupaciones laborales y ahora me *preocupo* por la educación y la alimentación sana de mis hijos, mi salud corporal y mental, mis novelas, mi pareja, mi familia. He descubierto que, si soy feliz o no, no depende de que trabaje o no, o de que elija dónde trabajar. No trabajar me ha ayudado a buscar la felicidad donde creo que está, pero una vez allí, he descubierto que tengo que cultivarla. Por eso los ricos también lloran: porque, aunque no trabajen y vivan rodeados de lujos y comodidades, si no se lo curran, no son felices. El dinero no da la felicidad; tan solo crea las condiciones para facilitar, a quien se lo curra, alcanzarla. Vivir sin la preocupación por el dinero permite concentrarse en las preocupaciones importantes, en las que cultivan la felicidad. Así que no, por retirarte no serás feliz, pero en el camino habrás dado un *paso de gigante*.

Muy buena suerte, amig@.

Y ya sabes: determinación y constancia.

---

[164] "El sutil arte de que (casi) todo te importe una mierda", Mark Manson.

www.ingramcontent.com/pod-product-compliance
Lightning Source LLC
Chambersburg PA
CBHW051530240526
45471CB00019B/319